AMISH GRACE

How Forgiveness Transcended Tragedy

ドナルド・B・クレイビル／スティーブン・M・ノルト／デヴィッド・L・ウィーバー-ザーカー

青木 玲＝訳

アーミッシュの赦し

なぜ彼らはすぐに犯人とその家族を赦したのか

亜紀書房

アーミッシュの赦し——なぜ彼らはすぐに犯人とその家族を赦したのか

本書のタイトルについて

本書の原題はAmish Graceと言います。Graceは多義的な言葉ですが、キリスト教では「神の恩寵」とか「神の恵み」などの意味で用います。それからいけば「アーミッシュの恵み」と訳すのが自然で、本文もそれに倣っていますが、「赦し」がテーマとなっていることを鑑みて、邦題は表記のとおりにしました。

謝辞

本文のキリスト教関連の記述、用語の翻訳に関して、谷口幸紀神父に貴重なアドバイスをいただきました。深く感謝を申し上げます。

＊

本書“Amish Grace”の著者印税は、貧困と戦争、自然災害に苦しむ子供たちの救援活動のためメノナイト中央委員会（ＭＣＣ）に全額寄付されます。ＭＣＣの世界各地での救援活動については下記サイトをご覧ください。www.mcc.org

Amish Grace : How Forgiveness Transcended Tragedy
by Donald B.Kraybill,Steven M.Nolt,David L.Weaver-Zercher

Japanese translation published 2008
by Akishobo Co.,Ltd.,Tokyo
by arrangement with John Wiley&Sons International Rigths inc.
through The English Agency(Japan)Ltd.

はじめに

〈アーミッシュ、学校、銃撃〉この三つの言葉がニュースの見出しに並ぶことを、誰が想像しただろう。しかし、二〇〇六年一〇月二日、銃と怒りで武装したチャールズ・カール・ロバーツ四世が、ペンシルベニア州ニッケル・マインズ近くのアーミッシュ学校に乱入したとき、想像を超えた事態が現実になった。女生徒五人が即日死亡、さらに五人が重症を負った。静かな学校を恐怖の館に一変させたこの事件は、オールド・オーダー（訳注：昔からの規律）・アーミッシュは俗世の問題とは無縁だというアメリカの神話を揺るがした。

しかし、アーミッシュは、外の世界の人々ほどこの神話を信じていたわけではない。世間の悪からどんなに遠ざかろうとも、絶対の安心はないことは、彼らの歴史が示している。一〇月二日の惨劇が、ニッケル・マインズのアーミッシュにとって想像を超えた出来事だったのは確かだ。しかし彼らには、この犯罪に対し、恵みと忍耐、愛をもって応えるという類い稀な素地があった。実際、世間の人々にとっては、事件そのものより、それに対するアーミッシュの反応のほうが衝撃的だったのである。世間を本当に揺るがしたのは、アーミッシュの恵み（アーミッシュ・グレイス）だったのである。

本書は、ニッケル・マインズ学校乱射事件へのアーミッシュの反応、とりわけ、殺人犯への赦しと、その家族に示された恵みをテーマにしている。アーミッシュの生活文化を長年研究してきた我々は、彼らの反応にはあまり驚いてはいない。しかし、彼らのとった行動については、数々の疑問が生まれた。あの悲劇の後、彼らは具体的にどんな行動をとったのか？　赦すことは、彼らにとってどんな意味をもつのか？　赦すよりも、復讐することが当たり前のような世界にあって、一体どんな文化的土壌があれば、こうした対応がとられるようになるのだろうか？

本書では、これらの疑問への答えを探っていくつもりであるが、彼らの恵みがいかに生活に根差したものかを知るために、アーミッシュの文化のいくつかの側面も詳しく見ていこうと思う。そうすることは、二つの理由から大切なのである。一つには、彼らの文化を知ることで、彼らの示した恵みが、計算ずくでもなければ、気まぐれでもないことがわかってくる。彼らの態度は、あの一〇月の惨劇よりずっと昔に起源をもつものなのである。二つ目の理由は、仮に我々のような外部の者が、アーミッシュが今回とった対応から、何か教訓を引きだそうとするならば、彼らの歴史や生活習慣を押さえておいたほうがよいからである。

アーミッシュのコミュニティに特有の生活習慣については、巻末の付録に簡単にまとめたが、本論に入る前に、若干の予備知識を紹介しよう。アーミッシュは、マルティン・ルターの宗教改革が始まってまもない一五二五年、ヨーロッパに生まれたキリスト教の急進派、〈アナバプテスト〉の流れを汲む。この一派を敵視する勢力は、彼ら若き急進派に、〈アナバプテスト〉、すなわち「再洗礼派」を意味する蔑称を与えた。というのも、彼らは、国家の認める教会で幼児洗礼を受けているにもかかわらず、成人してから互いに洗礼を授けあうという挙に出たからである。この急進的改革派が目指していたのは、イエスの生涯とその教えに基づく倫理である、互いに愛しあうこと、そして敵を愛することを標榜するキリスト者の共同体の創設だった。それから二世紀近くを経た一六九〇年代、スイス国内および今日のフランスのアルザス地方に、アナバプテストの一分派として生まれたのが〈アーミッシュ〉である。

ペンシルベニア州ランカスター郡のアーミッシュは、北米に数多くあるアーミッシュのグループの一つだ。ほとんどのアーミッシュのグループは〈オールド・オーダー〉と呼ばれる、古くからの宗教的、社会的な慣習を維持することを最重視する。

アーミッシュのいとこのような存在である〈メノナイト〉と呼ばれる宗派も、やはり一六世紀のアナバプテストに起源をもっている。現代のメノナイトの各グループは、すべてではないが、多くがアメリカの主流文化への同化を進め、テクノロジーもアーミッシュより自由に取り入れている。

本書を執筆する動機となった事件は、ランカスター郡の歴史から抹消してしまいたいほど忌まわしい出来事である。しかし、あの事件がきっかけで、アーミッシュの信仰を理解するための窓が開いたこともまた事実だ。これまで大多数のアメリカ人にとって、アーミッシュとは馬車、顎ひげ、ボンネットに象徴される生活を送っている人々にすぎなかった。こうしたイメージも、彼らの文化や大切にしている価値を伝えているが、アーミッシュにいわせれば、彼らはただ、敵を愛し、祝福し、赦すといった、イエス・キリストが命じた教えに忠実に従おうとしているだけだ。彼らの生活の実像は、観光用の絵葉書にではなく、むしろ日常生活の澱のなかに潜んでいる。あの日、娘を殺された家族には、小さな慰めにしかならないかもしれないが、彼らの生活文化は、二〇〇六年一〇月を境に、以前よりもずっとよく理解されるようになっている。

＊　＊　＊

本書の主題は「アーミッシュの恵み〔アーミッシュ・グレイス〕」だが、赦し、赦免、和解の問題もとりあげている。本書では、〈グレイス〔grace〕〉を、他者への愛と恵みのある対応を広く含んだ概念として使っている。恵みのある対応には、悲嘆にくれる人を慰めること、困っている誰かを援助すること、他人のために自分を犠牲にすることなど、さまざまな形がある。アーミッシュの人々に「アーミッシュ・グレイス」の話をすると、彼らはどことなく居心地が悪そうにする。そのわけは、グレイスとは、彼らにとって、神のみが与えられる賜物を指す言葉だからだ。しかし、本書でいう〈グレイス〉には、もっと広く、他者への情けや思いやりのこもった行動も含まれる。

〈赦し〔forgiveness〕〉は、恵みの特殊な形で、加害行為、加害者、被害者〔この事件においてはコミュニティ全体が被害者である〕の三つが存在していることが前提になる。赦すとは、被害者が、加害者への復讐権を放棄するとともに、相手への敵意の克服を誓うことである。赦しの研究者のなかには、加害者に対し、肯定的な感情―愛、思いやりなど―を抱くことも赦しの不可欠な要素だと主張する人がいる。一方、アーミッシュは、加害者に思いやりのこもった行動をとることが本物の赦しの重要な要素と考えている。しかし、赦しの究極的な定義を探ることは本書の目的ではない。我々の目的はもっと慎ましいもので、それは、ニッケル・マインズで起きたアーミッシュの赦しの物語を伝えるということだ。そのため、赦しについては、アーミッシュ的な理解を優先させ、このテーマを巡る学説は要所要所で紹介するにとどめたい。

アーミッシュの赦しを語る上で大切なのは、赦し（forgiveness）と赦免（pardon）、和解（reconcilation）の区別をはっきりさせておくことだろう。〈赦し〉では、犠牲者が、復讐権を放棄する。〈赦免〉では、加害者が、一切の罰から解放される。多くの場合、赦免を行う権限は犠牲者にはなくて、加害者への懲罰権をもっている人物や制度（司法制度など）に限られている。〈和解〉とは、被害者と加害者の関係を修復、ないし、関係を新たに創造することをいう。和解は赦しの必要条件ではなく、また、当事者の双方が信頼関係の構築を望んでいることが前提になるので、常に可能というものではない。しかし、多くの状況においては、被害者と加害者が和解することは最終目標であり、赦しは、和解に向かうその課程での重要なステップである。

＊　＊　＊

本書執筆にあたり、我々は三六人を超えるアーミッシュにインタビューをし、彼らの言葉の多くを本文中で自由に引用させていただいた。アーミッシュの文化では慎ましさが重んじられるため、インタビューに応じてくれた人々も、名前が出ることは望まなかった。

その気持ちを尊重し、話し手の多くは「あるアーミッシュの祖母」とか「あるアーミッシュの大工」などと匿名にしてある。同じ意味で、アーミッシュの雑誌や新聞に手紙や文章を寄稿した人々の名前も伏せることにした。

話の内容を何度も引用した八人には、アーミッシュによくあるファーストネーム（エイモス、イーライ、ギド、ケイティ、メアリ、モーズ、サディ、シルヴィア）の仮名をあてた。それぞれの仮名が、実在する特定の人物を示している。本書のテーマである恵みの精神から、殺人犯の妻の名前も仮名になっている。

マスコミで実名を広く報道された数人のアーミッシュは、例外的に実名で紹介させていただいた。西ニッケル・マインズ校に通っていた少女とその教師はファーストネームのみで紹介した。乱射事件とは別の赦しの事例では、実名のフルネームをそのまま使ったが、これは、当時のマスコミ報道や出版物でこれらがすでに紹介されているためである。

最後に、〈イングリッシュ〉という言葉の使い方についてもお断りしておかなければならない。アーミッシュは、非アーミッシュのことをしばしばこう呼ぶ。アーミッシュが第一言語にしているのは、ドイツ語の方言であるペンシルベニア・ジャーマン（日常会話ではペンシルベニア・ダッチとも呼ばれる）である。彼らは英語の会話と読み書きもできるが、これは一般に学校で教えられている。アーミッシュの成人が非アーミッシュの隣人と会話をするときは通常、英語になり、その隣人が英国とまったく関係なくても、彼らのことは「イングリッシュ」と呼ぶ。本書では、〈非アーミッシュ、イングリッシュ、部外者〉を、ほぼ同じ意味で使っている。

本文は三部構成で、第一部の第一章から五章は乱射事件とその後の対応。第二部では、アーミッシュの生活のなかで赦しがどのように実践されているかを、より広い視野で探っていく。第三部では、アーミッシュに限らず、我々にとって赦しはどんな意味をもつかを考察する。

目次

CONTENTS

アーミッシュの赦し＊目次

第三部

第一部

PART 1

第一章　ニッケル・マインズのアーミッシュ

光を照らすのはよいことです。でもそれは人前でするものではありません――アーミッシュの父親

ペンシルベニア州ストラスバーグ。東に向かって走る車の前方に一筋の曙光が差してきた。地図を懐中電灯で確かめ、二マイル先で南に折れてウルフ・ロック通りに入ると、闇の中に赤いライトが二つ点滅している。バギーと呼ばれる一頭立ての馬車が、のろのろ勾配を登っているのだ。車のスピードをゆるめ、カッカ、カッカ、とリズミカルに蹄の音を響かせる馬車の後ろをついていく。

我々*が目指すのは、普通ならしり込みしたくなるような場所。ニッケル・マインズという地区の、教室が一つきりのアーミッシュの学校で、その前日、乱射事件が起きたのだ。アーミッシュの生活研究者である我々三人のもとには、記者からの問い合わせが殺到した。そして今、彼らから寄せられた数々の疑問を解くため、我々は悲劇の現場へ向かっている。

馬車は、アーミッシュのいう「尾根」を登っていく。ランカスターのアーミッシュ居住

区を二つに仕切る、東西にのびた丘だ。北側は一七六〇年頃、現在のインターコース村近くにアーミッシュが入植した地域である。一九四〇年になると、安い土地を求めたアーミッシュの開拓農家が、尾根を越えてジョージタウンのある南側にも入植。

　オールド・オーダーに従う彼らは、二〇年ごとに人口を倍増させ、ジョージタウンを中心に繁栄していった。今では、この小さな町から半径四マイル内に約八〇〇世帯が暮らす。「南向こう」[後注1]と呼ばれる丘のこちら側は、起伏が多く、北側の旧地区のアーミッシュにいわせると「スローで保守的」な土地柄だ。

　馬車の後ろで点滅するライトは、アーミッシュが、決して一切のテクノロジーを拒否しているわけではないことを思い起こさせる。テレビ、インターネット、自家用車、その他、コミュニティに害がありそうなものは排除するが、一部の文明の利器は選択的に使う。自分たちの生活様式を損なわず、逆に助けとなるように、改変した上で用いられる機器もある。テクノロジーを手なずけようとするこの努力は、アーミッシュのなかの「エンジニア」の才覚により、新旧の技術を折衷した興味深い発明品を生んでいる。馬車にとりつけ

＊本書では、三人の著者を代表して我々という人称を使っている。三人とも乱射事件後、多くのメディアから問い合わせを受けたが、二〇〇六年一〇月三日、火曜日のニッケル・マインズの現地調査はドナルド・B・クレイビルが行った。

た発光ダイオードのライト、スチール製のトラクター車輪、バッテリー式レジスター、圧縮空気式の動力ノコギリ、家庭生活を乱さないよう戸外のボックスに設置した電話などがそうだ。新開発のクラシック・ワード・プロセッサを仕事に使う者もいる。これは「特別な機能はないが、馬のように作業をこなす」というふれこみの電子機器で、八インチのモニター、表計算とワープロのソフトだけがついていて、ウィンドウズのOSで動く。この「オールド・オーダー・コンピュータ」は電話やインターネット、ゲーム機にはつなげられない。

前日、記者たちと西ニッケル・マインズ校のことを何時間も話したというのに、学校の正確な場所は不明だ。わかっているのは、ランカスター市の南東一二マイル、レストランと店舗が並ぶ観光スポットのルート三〇を外れたどこかということだけ。かつてのニッケル鉱山は、安い輸入品に負けて一八九〇年に廃鉱になったままと聞く。今、この一帯にはもっぱら農場と小さな事業所があるばかり。曲がりくねった道ぞいにバンガローが点在する簡素な田舎町だ。

尾根を登りきり、鉱山道路に入るところで、夜明けの薄い光の中に「停止」の標識が浮かび上がった。警察の車両が、右手の鉱山道路の入り口を封鎖している。一人の警官が、大きな懐中電灯を手に車の窓に近寄り、行き先を尋ねた。身分証明書を示し説明すると、警官は車を右に誘導し、はるか先まで数珠つなぎになったテレビ中継車の列の末尾につけさせた。

鉱山道路は狭い田舎道だ。左側には家がぽつぽつと続き、右側は農地、その向こうは小さな谷になっている。西ニッケル・マインズ・アーミッシュ学校は、その谷の下にあった。何十台もの中継車が路肩に連なり、アンテナを立てている。校舎、校庭、二棟の屋外トイレ、それに野球グラウンドを白い木製のフェンスが囲う。もう一面の野球グラウンドがある隣りの草地では馬が草を食んでいる。教室が一つで屋根に鐘楼のある一九世紀風の校舎は、朝のテレビニュースにうってつけの絵柄だろう。平和で牧歌的、まるで天国への玄関のようで、実際、丘の北側五マイルのところにはパラダイスという名の小さな村もある。

車を停め、報道陣の群れをかきわけ歩いていく。レポーターの中には、車中で夜を明かしたのだろう、髪や衣服が乱れ、あくびをしている者もいた。ニューヨークからやってきた記者たちは、スターバックスの代わりに、五マイル先のコンビニから、出来合いのコーヒーを買ってきた。その先にある狭い四つ辻には、さらにたくさんの中継車が並び、メモ帳、マイク、カメラをもった記者たちが何十人もせわしなく動き回っている。「ニッケル・マインズはどこですか？」一人の記者に近づいて聞くと、「ここだよ」とぶっきらぼうな答えが返ってきた。

ここだって？　ほんの数軒の家と、四つ辻が一つあるきりの？　辻の一角を占めるオークションハウスのほかは、商店も、ガソリンスタンドも、コーヒーショップも見あたらない。商店も銀行も消防署も、約一・五マイル南のジョージタウンまで行かないとないのだ。オークションハウスの駐車場は、昨夜来、報道各社の中継用アンテナや照明器具が並び、ディーゼル発電機がうなりを上げるなかで、記者たちがあわただしく取材するバザールと化していた。こんなひなびた四つ辻、小さな集落が、すでに一昼夜、世界の注目を集めており、まだ一週間はこの状態が続きそうなのだ。

情勢を見定めるため、オークションハウス脇にある自動販売機のところへ行った。チャールズ・カール・ロバーツ四世が、西ニッケル・マインズ校まで四〇〇ヤードの距離にあるこの自販機で飲料を買ったのは、たった一七時間前。ロバーツは、二六人の児童が午前中の休み時間にソフトボールをして遊ぶ間、じっと待っていた。学校委員会の委員の一人が、彼の姿に気づいたが、ロバーツがオークションハウス周辺をうろつくのは珍しいことではないので、とくに気にかけなかった。「チャーリーは、ここよりも自宅に近いジョージタウン校を狙うこともできたろうけど」とアーミッシュのある男性が言った。「あちらは住宅に近すぎると思ったのかもしれませんね」

ランカスターのアーミッシュ居住区は、教区と呼ばれる一六〇以上の地域集落に分かれ、それぞれが、監督（bishop）、執事（deacon）、二、三人の牧師（minister）からなる聖職者チームの指導下に置かれている。彼らは教区民のなかから選ばれ、本来の職業に加え、宗教的指導者としての務めを果たす。役員はいずれも終身制、無報酬で、神学の公式な教育も受けてはいない。

＊　＊　＊

小川や道路で仕切られた各教区は、二五から四〇の家族から成り、彼らの社会的、宗教的な拠点となっている。礼拝は、教区内の家族がすべて一つの家に集まって行う。ある教区のメンバーが増えすぎ、家庭での礼拝に収まりきれなくなったときは、教区が分割される。互いの家が近く、教会の行事以外にも多くの活動を共同で行うため、教区民はお互いのことを熟知している。

ニッケル・マインズの四つ辻では、西ニッケル・マインズ、東ニッケル・マインズ、東北ジョージタウンと呼ばれる三つの教区が接しており、この三教区の子供たちは全員、西ニッケル・マインズ校に通っていた。「子供たちが三つの教区に分散していたおかげで、お悔やみや葬儀の支度が一つの地区だけに降りかからずにすんだんです」と、あるアーミッシュの男性が言った。

このあたりは人口の密集したアーミッシュ・カントリーで、農作業も商売も、イングリッシュの隣人と肩を並べるようにして営まれる。ニッケル・マインズ地区は行政区分上、ランカスター郡バート郡区（タウンシップ）に入る。バート郡区の人口は、アーミッシュとイングリッシュを合わせて約三千人、面積一六平方キロメートルのなかに約八〇〇戸の住宅がある。北米のアーミッシュ・コミュニティの多くがそうであるように、この一帯のアーミッシュも多くのイングリッシュの友人をもち、文化の垣根を越えた交流が盛んだ。バート郡区消防団は、団員の約七五パーセントがアーミッシュで、リーダー役を務める者もいる。彼らは消防車の運転こそしないが、消火作業を手伝い、消防団の活動のための資金集めも受けもつ。

アーミッシュの男たちが、消防車の「運転」は拒否するのに、率先して「乗り込む」のは、自動車一般との彼らの関係のもち方を反映している。二〇世紀初頭、アーミッシュの指導者らは、自動車のせいでコミュニティのメンバーが都会に出て、広い世界と交じりあい、それによってコミュニティの結束がゆるんでしまうのを恐れ、自動車の所有を禁じた。交通手段を馬車に限るのは、メンバーを教区につなぎとめ、隣人同士の絆を強めるのに役立つ。商売の得意客の送迎とか、特別な行事、長距離の移動に際しては、自動車をもつイングリッシュを「タクシー・ドライバー」として雇う。自動車やトラックを日常的な業務のために提供できるイングリッシュの従業員を雇う事業経営者もいる。乱射事件当日も、負傷した子供の親は、警察車両や非アーミッシュが運転する車で病院へ向かった。しかし、航空機に乗るのは禁じられているので、子供たちの多くを病院に搬送したヘリコプターに乗ることは断っている。

空が白むと、学校の姿がくっきり浮かび上がった。円屋根の小さな鐘楼が目立つ、外壁が黄色い化粧しっくいの典型的な一教室のアーミッシュ学校で、建造は一九七六年。ホワイト・オーク通りから約五五ヤード、もよりのアーミッシュの家からは約四分の一マイル離れた草地に建てられている。米国には、アーミッシュが運営するこうした学校が一四〇〇以上もある。北米のアーミッシュの子供は、ほとんどがこれとよく似た私設のアーミッシュ学校に通っているのだ。八年間の教育課程を終えた子供は「学者」と呼ばれ、各家庭や農場、自宅に併設した商店で働くか、隣人や親戚のもとで職業訓練につく。

西ニッケル・マインズ校は、ジョージタウンから半径四マイル内にある三〇校の一つ。これらの一教室学校はどれも、所属する教区と同じように、近くの町や名所にちなんだ名前――シーダー・ヒル、ウルフ・ロック、ジョージタウン、バレー・ロード、バートヴィル、マウント・プレザント・ビュー、ピーチ・レーン、グリーン・ツリー――がつけられている。

ランカスター郡と隣のチェスター郡の一部にまたがるアーミッシュ居住区には、全部で一九〇以上のアーミッシュ学校が散在する。三人から五人の男性で構成される学校委員会が、それぞれ一、二校ずつを監督している。学校委員会は、教師を雇い、学校の維持管理にあたり、財務処理を行う。

ニッケル・マインズ校をはじめとする私設のアーミッシュ学校の歴史は、比較的新しい。二〇世紀半ば、米国の公立校が統合されるまで、アーミッシュの子供たちも、一般の子供たちと同じ地元の学校へ通っていたからだ。学校が統合されると、アーミッシュの生徒は徒歩での通学ができなくなった。親たちも学校に口を出しにくくなった。遠くから赴任し、アーミッシュの生活についてほとんど知識がない教師が増えた。高学年の子供が、学校で好ましくない話題を耳にし、アーミッシュが認めていない進化論や体育の授業を受けているのを知り、親たちは仰天した。

このような公立校の劇的変化に、アーミッシュは異議を申し立てた。彼らの考えでは、八年間の教育で、読み書き、綴り方、算術の基礎をしっかり身につけさえすれば、一人前のアーミッシュとして生きていくには事足りる。この結果、一九五〇年代初めのランカスター郡では、八年間の初等教育を終えた子供を統合学校に通わせるのを拒んだアーミッシュの親が、何十人も刑務所に入れられた。ところが一九七二年、連邦最高裁判所が、「ウィスコンシン対ヨーダー」として知られる裁判で、一四歳になったアーミッシュの子供は公教育を終了してよいという判断を下す。統合学校の脅威、そしてこの判決が、アーミッシュに私設学校の運営を促したというわけである。

住宅や納屋、商店と比べ、学校では、アーミッシュのコミュニティが認めたテクノロジーも最小限しか使われない。学校には通常、バッテリーを使った壁掛け時計、プロパンガスの電灯、灯油（ケロシン）、石炭、または薪のストーブがある。しかし、電卓や顕微鏡、コンピュータ、電気のコンセント、防犯カメラ、テレビはない。教師は一人で、しばしば助手と一緒に、八学年全員を一クラスで教える。授業は英語で行われ、基礎的な学力である綴り方、読解、習字、文法、算術と若干の地理に重点が置かれている。教師が一、二学年をまとめて指導する間、他の生徒たちは、互いに囁き交わしながら自習するので、教室内に整然としたさざめきが広がる。ときどき誰かが手を挙げ、図書室に本をとりに行ってもいいかとか、屋外トイレへ行ってもよいかと聞く。教師はたいてい、軽くうなずき許可する。一日の学習が終わると、生徒たちは用務員に変身し、床を掃き、本を書棚に戻し、ボールとバットを玄関先にしまう。

アーミッシュ学校には宗教の授業がなく、そのことに驚く人は多い。聖書の講読や祈り、賛美歌をはじめとする歌、そして教師のふるまいが、その役目を果たしてはいるが、正式な宗教教育は、学校ではなく家庭と教会で行うべきもの、というのがアーミッシュの考え方だ。ある学校案内にあるように、無論、彼らの学校では「授業中も運動場にいる休み時間も含め、終日」アーミッシュに求められる価値観の浸透がはかられる。[後注2] この案内によれば、それは「算術で不正をしないこと、清潔の保持と健康の秘訣……正直な生き方を学ぶこと……正直、尊敬、誠実、謙遜、そして運動場でのルールを教えることを通じて」達成される。

＊　＊　＊

西ニッケル・マインズ校を道路の反対側から眺めていると、記者たちが情報を求めて集まってきた。彼らは、率直な問いをぶつけてきた。アーミッシュはどう思っているのか？どう対応するつもりなのか？　学校ではなんと教えているのか？

単刀直入な質問からもわかるが、多くの場合、マスコミは北米のアーミッシュはすべて同じ文化の型をもつ、という誤った想定に立っていた。実際は、数多くのグループそれぞれに独自の慣習があるのだが。たとえば、ランカスター・アーミッシュなど一部のアーミッシュは、箱の部分が灰色の馬車に乗る。しかし、この色が黒、黄色、白のグループもある。職業、服装、冠婚葬祭のしきたり、取り入れるテクノロジーもまちまちだ。事業経営者に携帯電話の所持を一機だけ認めているグループが少数ながらある。家のなかにトイレがつくれず、屋外に設置するグループもある。ローラーブレードを認めるグループ、認めないグループがある、等々。国中で一六〇〇ある教区それぞれに宗教的権威がゆだねられ、「教皇」的存在のいない北米アーミッシュの生活様式にはバラエティがある。

我々は、ニッケル・マインズ地区のアーミッシュの特徴を記者に説明しようとしたものの、同じ地区のなかでも人の性格や習慣は一定ではない。他の民族・宗教がそうであるように、アーミッシュも多様。彼らの複雑な文化を短い夜のニュースで紹介するのは無理なことだった。

事件当日、我々が多くの問い合わせを受けた理由の一つに、アーミッシュの広報嫌いがあった。子供を失い悲嘆にくれる親の代弁をし、メディア向けにコメントを出す弁護士やスポークスパーソンがいない。わずかな例外を除き、彼らはマスコミの取材やカメラの前に立つことを避けた。突然の乱射事件の衝撃で寡黙になったというより、根っからの広報嫌いのせいで、それは彼らの宗教的信念と文化的伝統からくるものなのだ。

聖書の教えに従い、アーミッシュは長いことメディアの目を避け、人知れず静かに暮らそうとしてきた。「見てもらおうとして、人の前で善行をしないように注意しなさい……偽善者たちが人からほめられようと……するように、自分の前でラッパを吹きならしてはならない……右の手のすることを左の手に知らせてはならない……偽善者たちは、**人に見てもらおうと**……大通りの角に立って祈りたがる」（太字は著者）というイエスの言葉を、彼らは重んじる。『マタイによる福音書』第六章、イエスが模範的な祈り「主の祈り」を弟子たちに教える直前の言葉だ。その主旨は明瞭で、自分の信心深さを見せびらかすために人前で善行をするな。教えをひそかに実践する者には天にいる父が報いて下さるだろう、ということである。

アーミッシュが広報を嫌うもう一つの理由は、集合的社会で暮らす彼らは、個人よりコミュニティを優先させているからだ。新聞に名前が出て、自分の意見が注目されれば、おごりが芽生える。だから、彼らのなかには、匿名を条件にしないと取材に応じてくれない人もいる。人前で善行をせざるをえないときもあるが、アーミッシュは、それを見せびらかすことを嫌う。

「光を照らすのはよいことです」とアーミッシュの父親の一人は言う。「でもそれは人前でするものではありません」

写真用にポーズをとることもよしとしない。アーミッシュは、十戒の第二箇条の「あなたはいかなる像も造ってはならない……いかなるものの形も造ってはならない」（『出エジプト記』第二〇章第四節）を、写真用にポーズをとらない理由として挙げる。写真用にポーズをとるのは、個人を偶像化するおごった行為とみなされる。こうした自己宣伝は、個人に過剰な注目を集めるだけでなく、自己崇拝にすらつながっていく。

そんなわけで、西ニッケル・マインズ校乱射事件の取材記者たちは、ジレンマに陥った。ただでさえ取材を嫌う人たちが、深い悲しみと衝撃のさなかにいる。こんなとき、どう取材すればいいのか？　乱射事件そのものは、まだしも取材が容易で、警察の報告と公式記録は事件当日に手に入った。しかし、アーミッシュのコミュニティをとりあげるとなると、話は全然違ってくる。

＊　＊　＊

インタビューの準備のため鉱山道路を戻りかけると、二頭のラバに引かせた箱型の荷馬車がやってきたので、車を脇に寄せた。高いシートに座ったアーミッシュの農夫は、乗り合い馬車の馭者といった風情。全世界にニュースを送る中継車の横をゆくその姿は、別の時代からタイムスリップしてきたかのようだ。

灰色の馬車には、ベンチ、歌集、それに食器が積まれていた。アーミッシュは教会を建てないかわり、二週に一度、各家庭回り持ちで礼拝を行う。その道具を運ぶのに使われるのがこうした馬車だ。日曜の朝、三時間の「グメイ（Gmay）」（教会を意味する方言）が終わるとそのまま会食になる。礼拝には家の一階にある大部屋や半地階、納屋の二階、店舗が使われ、参列者は二〇〇人におよぶこともある。

これらの馬車は、不幸のあった家にベンチを運ぶ役目も果たしていた。遺体がイングリッシュの安置場から戻れば、何百人もの友人・身内が弔問にやってくるからだ。弔問は通常、葬儀の前夜まで数日続く。今回も、事件発生から一六時間後には、子供を亡くした家族のもとをこうした馬車が訪れている。木曜と金曜に行われる葬儀では、これらのベンチが納屋に並べられるはずだ。

この馬車は、「アーミッシュは、こんな惨劇にも心構えができているんですか?」と質問する記者たちに、我々が繰り返し説明したある大事な点を象徴するものでもあった。この質問への我々の答えは、逆説的で、いささか期待外れだったろう。もちろん、できていませんよ。当り前にできることを別にすればね——そう答えたのだ。

こんな惨劇を、あらかじめ想定しているコミュニティなどないだろう。アーミッシュの社会では、そもそも殺人事件はわずかしか起きていないし、まして学校襲撃事件など例がない。悲劇的な事故で死んだ大人や子供がいないわけではないが、ニッケル・マインズの乱射事件に匹敵するような出来事は皆無だ。凶悪事件を経験したことのないアーミッシュ学校には、金属探知器付きのドアもなければ、ボディ・チェックもない。廊下を巡視する警察官もいなければ、緊急時マニュアルも、人質がとられた場合に備える訓練もない。教室一つのアーミッシュの学校に通うのは、せいぜいが、近隣一〇家族ほどの子供たち。ドアに鍵はかけられず、授業中にドアが開け放されていることすらある。

アーミッシュの学校は、子供たちに深い安心感を与える場所だ。同級生はみな近所の子供で、先生も頻繁に家を訪問する。年少の生徒のなかには、拳銃を見ても何だかわからない子もいるだろう。ほぼ例外なく、アーミッシュの子供は暴力的な映画やビデオゲーム、テレビ番組を見る機会がない。殴り合い以外の暴力など想像もつかないのだ。そんな彼らに、一〇月のあの月曜日、突如襲った暴力への心構えなど、あろうはずがない。

しかしその一方で、アーミッシュは、たいていのアメリカ人より、この種の悲劇に対処することに慣れているのも事実だ。アーミッシュのコミュニティには、強じんな家族の絆と信仰、文化を通じた連帯がある。悲惨な目に遭ったメンバーには、それを乗り切るまで周囲から惜しみなく援助の手が差し伸べられる。一人のアーミッシュには平均七五人以上のいとこがいて、その多くは近隣に住んでいる。三〇家族を一単位とする教区はせいぜい半径一マイル。火事、洪水、病気、死といった悲劇に見舞われた家族は、同じ教区の何十人もの隣人から支援を受けることになる。隣人たちは家事を交代し、食物を差し入れ、見舞い客用のベンチを持ち込み、そっと慰めの言葉をかける。この濃密な支援の網の目を彼らは「相互扶助」と呼ぶ。新約聖書の「互いに重荷を担いなさい。そのようにしてこそ、キリストの律法を全うすることになるのです」(『ガラテヤ人への手紙』第六章第二節)という戒めを文字通り守っているのだ。だから、今度のような惨劇は想定外とはいえ、昔からの慣習に沿った形で対処することは可能だったわけである。

馬車が目の前まできた。驚いたことに、ラバたちは、テレビクルーや騒々しい発電機の音をまったく気にしない。ところが、道路を横切る太さ五センチで、幅一五センチの黄色い縞のあるケーブルにたじろいだ。中継車が近くのイングリッシュの住宅から引いたものだ。ラバはそのケーブルの手前でピタリと止まり、それ以上は頑として進もうとしない。馭者は、しばらく促してみたが、あきらめて馬車を降り、二頭の口をとった。しかし、それでも駄目だ。さらに数分、穏やかに促された末に、ようやく二頭はおっかなびっくり、ケーブルをまたいだ。突然のケーブルやアンテナの出現を別にすれば、悲しみに沈むニッケル・マインズでは、通常どおり死者との告別がとり行われることだろう。

＊　＊　＊

学校が大変だ——第一報が発せられたのは二〇〇六年一〇月二日、月曜日の午前一〇時半。取り乱した教師が泣きながら近くの農家に駆け込み、学校に銃をもった男がいると告げた。農夫は、ただちに電話ボックスから九一一番に緊急通報、学校で子供たちが人質にとられたことを知らせた。話は人々の口から口へ、またたくまに広がった。

「アーミッシュの情報網はインターネットより速いんだよ」

電子メールを送ったこともない一人の男性がこう言った。近くに住む何人かが、その農家に集まり、何とかできないか、と学校へ様子を見に行く者もいた。午前一一時二六分、地元のテレビ局がアーミッシュ学校で銃撃があったことを報道。すぐにフォックス・ニュースとCNNも恐怖のニュースを流した。

アーミッシュは電話ボックスに走り、事件を広めた。「西ニッケル・マインズ校で大変なことが起きた。子供たちが撃たれた。近くの男が発狂したんだ。犠牲者はヘリコプターで病院に運ばれている」

オハイオ、インディアナ、ウィスコンシンをはじめとする米国二七州、そしてカナダのオンタリオ州にある三七〇のアーミッシュ・コミュニティの多くは、留守番電話にこのメッセージを受けた。インディアナに住むあるアーミッシュの建築業者は、シカゴにいる会計士から自分の携帯電話への連絡で、この事件を知った。馬具の販売先であるニューヨークのパキスタン人から、電話で事件を知らされたランカスターのアーミッシュもいた。乱射、瀕死の子供たち、パラダイス村の南で起きた凶悪事件。ニュースは、家のなかに電話がない北米アーミッシュのコミュニティにもまたたくまに広まった。

コロンバイン高校で起きたような恐ろしい乱射事件（訳注：一九九九年、コロラド州ジェファーソン郡のコロンバイン高校で、二人の学生が一三人を射殺した後、自殺した事件）は、ランカスター郡の人々の記憶にも残っていた。多くのアメリカ人が、銃と暴力、テロに脅えて暮らすなか、銃もナイフも弾丸も心配せず、子供たちがクスクス笑いながらＡＢＣを学べる安全な場所がまだある、と思えることは、人々の慰めだった。こんな凶悪事件が、平和な農村社会に育まれた小さなアーミッシュ学校にまでおよぶというなら、もうどこにも安全な場所はない。さまざまな点で、アメリカ人の集合的想念のなかの最後の安住の地だった場所が、突如、消滅してしまった。

第二章　乱射事件

これは私たちの九・一一です——アーミッシュの指導者

ニッケル・マインズの住民のなかには、二〇〇六年一〇月二日、月曜日のあの曇り空から、二〇〇一年九月一一日の青空を連想した人たちもいた。悲劇のショックとトラウマの大きさが、二つの事件を自然と比較させたのだ。

「事件を知ったとき、自分がどこで何をしていたか、誰から知らせを受けたのかは、決して忘れることはないでしょうね」と一人のアーミッシュの父親が言った。

ランカスター郡のアーミッシュにとって、秋は心がはずむ季節なのだ。というのも、秋になると何十組ものカップルが、火曜日と木曜日に行われる結婚式を挙げるからだ。一〇月に入れば、子供たちは、自分の兄弟姉妹やいとこの誰かが式を挙げる日を指折り数えて待つ。アーミッシュの結婚式では、花婿の家に三、四〇〇人もの友人がやってきて、朝早くから夜遅くまで楽しく過ごす。一人のアーミッシュが、一シーズンのうちに六組のカップルから結婚式の招待状をもらうことも珍しくない。招待された式が同じ日に重なったときは、会場から会場へと渡り歩くのだ。

ニッケル・マインズでは、もう秋の収穫はあらかた終わっていた。タバコの葉は乾燥室のなかで茶色に変わり、アルファルファ牧草の最後の刈り取りも終わって、冬用の干し草に仕上がっていた。牛用に甘い香りのサイレージにするグリーンコーンも、細断して高さ六〇フィートのサイロに投げ込まれ、発酵を待っている。ガソリン・エンジンで動くコーン収穫機でトウモロコシの黄色い皮を剥き、馬車に積み上げる作業もそろそろ始まる頃だ。収穫したコーンは、そのまま馬車で納屋のそばの貯蔵庫へ運ばれる。

狩猟シーズンもまじかに迫っている。一一月下旬になると、アーミッシュの男たちの多くは、イングリッシュの運転するバンに乗り込み、ペンシルベニア北部の狩猟小屋へ向かう。気に入った山に入り、オジロジカを射止めるのを皆、楽しみにしている。筋金入りのハンターのなかには、オジロジカのトロフィーを求め、はるばるメリーランド州やウェストバージニア州まで足を伸ばす者さえいる。一二歳になった男の子にとっては、父親と行く初めての狩りが、待ち遠しい通過儀礼でもある。

ニッケル・マインズのアーミッシュには、デラウェア、メリーランド、ニュージャージー各州のファーマーズ・マーケットに店を出している人たちもいて、行楽シーズンに向け、肉類、チーズ、その他の食品を準備する。一〇月の冷えた空気と澄んだ空は、いつもならば、ニッケル・マインズのアーミッシュに祝祭と豊饒の季節の到来を告げるものだ。しかし、今年の秋はそうではなかった。

＊　＊　＊

月曜日の午前三時頃のこと、[後注1]三二歳のチャールズ・カール・ロバーツ四世は、一八輪の牛乳運搬用トラックをニッケル・マインズ・オークションの駐車場に停めた。そこで自分の小さなピックアップに乗り換えると、一マイル半先のジョージタウンの自宅へ戻り、陽が上るまで少しの間、睡眠をとった。彼は前日の夜六時から、トラックでアーミッシュとイングリッシュの農場を回り、ステンレスのタンクに入れてある牛乳を回収する仕事をしていた。全部で五万五千ガロンを地域の処理施設へ搬入した後、オークションハウスの駐車場を経由して、帰途についたのだ。

　ほぼ終日一人でいられるこの仕事は、引っ込み思案のロバーツに合っていた。相手から話しかけられない限り、めったに口をきかない男で、返事もたいていそっけない。義父にトラックの仕事を教わるまでは、大工をしていた。ささいなことでよく腹を立てた。一人の農夫は、彼が牛乳を集めにくると子供を納屋から遠ざけた。頻繁に悪態をつき、イライラしていたからだ。内気そうな顔の下に悩める魂を抱えていたことを思わせる逸話が、ほかにもある。ただ、処理工場の同僚の話では、九月の最後の週、彼はどういうわけか普段より落ち着いて、仲間と打ちとけた様子を見せていた。

＊　＊　＊

月曜日の午前七時半。六歳から一三歳まで二六人の生徒が、一〇軒の家から西ニッケル・マインズ校に向かっていた。道路を歩く子あり、牧草地を突っ切って気に入った近道を行く子あり。どの子も赤や青のプラスチックの弁当箱とカラフルで小さな水筒をもち、おしゃべりをしたり、ふざけあいながら登校した。先着組は、始業を知らせる鐘が鳴るまでの短い時間を、校庭で遊んで過ごしていた。

二〇歳の教師エンマは、教師歴二年だが、自分の生徒やその親たちのことは熟知している。学校から二マイルも離れていない場所に住み、生徒の家はどれも歩いていける距離にある。親と教師が、学校と各家庭を非公式に訪問しあうのも、アーミッシュの生活のひとこまだ。その日も、エンマの母と姉妹、義理の姉妹二人の計四人が、特別ゲストとして来校していた。婦人の一人は、もうじき妊娠八カ月。もう一人は二人の幼児を連れていた。予告なしに来る親しい訪問者を歓迎するのは、小さく家庭志向のアーミッシュ学校では珍しくない。

アーミッシュ学校の教室の壁はたいてい、生徒たちが描いたカラフルな絵、宿題のお手本、手書きのポスター、授業の内容を書いた張り紙でいっぱいだ。西ニッケル・マインズ校も同様で、生徒の絵やアーミッシュの格言が壁に張り出されていた。黒板には「お客様がいると教室に活気が出ます」という掲示があって、その下に、テディ・ベアがシャボン玉をとばしている絵が描かれ、一つひとつのシャボン玉に訪問者の名前が書き込んであった。そして、多くのアーミッシュ学校に「JOY」という文字の掲示があるが、これは「一にイエス、二に他の人、最後にあなた自身（ジーザス・ファースト、アザーズ・ネクスト、ユアセルフ・ラスト）」の頭文字をとっている。

エンマが、子供たちに授業開始を告げ、特別ゲストに歓迎の言葉を述べた。その日はまず、ドイツ語で聖書が講読された。ドイツ語を使ったのは、いくつかの学年に後でドイツ語を教える予定だったからだ。アーミッシュ学校では通常、授業や聖書の講読、「主の祈り」は英語でなされるが、この日はそんなわけで、聖書だけでなく祈りもドイツ語になった。エンマが選んだのは、『使徒言行録』第四章。執筆者とされるルカが、初期のエルサレムの教会をこう描写するくだりだった。

彼らは「心も思いも一つにし、一人として持ち物を自分のものだと言う者はなく、すべてを共有していた。使徒たちは、大いなる力をもって主イエスの復活を証し、皆、人々から非常に好意を持たれていた」(『使徒言行録』第四章第三二―三三節)。

講読がすむと、子供たちは起立して「主の祈り」をドイツ語で唱えた。みな、五歳までにドイツ語と英語、両方で「主の祈り」を暗記させられるので、これはわけなくできた。「主の祈り」が終わり、授業に入る前に、子供たちはさらに三つの歌を歌った。うち二つはドイツ語、一つは英語だった。ドイツ語の歌の一つは『人よ、最期を思え』で、「誰もが順番に自分の行いの報いを受ける」最後の審判について警告する歌だ。その歌詞はアーミッシュの葬儀で節をつけずに読まれることもある。この日、子供たちはこれを賛美歌『私たちを一つに結んでください』の節で歌った。

人よ、最期を思え、[後注2]
汝の死を思え、
死はときに速やかに訪れる。
今日生気あふれる者も、
明日か、明日をも待たず、
世を去るかもしれぬのだ……

子供たちは続いて、一七世紀の聖歌『静けき孤独に』[後注3]を、賛美歌『主我を愛す』の節で歌った。

静けき孤独に、
主、誉れが待つを知る。
大神は我が言葉に耳を傾けり、
我が心、主を求めるゆえに。
主は変わらず、とどまらず、
されど安らかなり。
四季をおさめ、
ふさわしきときに届けたまう。

締めくくりに生徒が歌ったのは、現代のゴスペル・シンガー、ドッティー・ランボーの持ち歌。裸足の男の子が、パンと魚を増やし皆にゆきわたるようにするため、イエスに差し出したことを歌った『マルチプライ』だった。

歌が終わると、授業開始。アーミッシュの教師がよくそうするように、彼女も二学年ずつまとめて指導した。まず一、二年生に黒板を使って教え、つぎに三、四年生にうつる、という具合だ。エンマが一部の生徒を教えている間、他の生徒たちは宿題を仕上げるか、復習や自習をして過ごす。年長の男子は、天気のよい日はソフトボールをしたくてたまらない。早く休み時間にならないかとうずうずしている。

＊　＊　＊

そのころ、ジョージタウンでは、何時間か睡眠をとったロバーツが、妻のエイミー、そして三人の子供たちと一緒に朝食をとっていた。食後まもなく、エイミーはまだ一歳半の末っ子を連れて、地元の長老派教会で開かれているマムズ・イン・タッチに出かけた。週に一度、母親たちが集まって、子供や教師、学校の安全はじめ、地域の学校が抱えるさまざまな問題のために祈る会だ。この朝、教会の託児所で子供の世話をしていたのはアーミッシュの若い女性だ。

ロバーツは、ジョージタウンの目抜き通りにあるモジュール式住宅からスクールバスの停留所まで、六歳と八歳の子を送りに行った。午前八時四五分、子供たちにキスしてお別れを言っている。その日は、トラックの運転手が受ける定期的な薬物検査があるはずだったが、彼には別の計画があった。家のなかに、家族の一人ひとりに宛てた遺書を置いてくると、物置から道具を運び出し、ピックアップの覆いのある荷台に積んだ。この車は、隣で暮らす妻の祖父からの借り物だ。この一週間、物を買い込んでは家の脇の納屋にしまい込んでいた。足りないものがまだある。プラスチックのジップ・タイだ。針金をギュッとまとめて束にするときなどに使うものだ。ロバーツはピックアップに乗り、東へ二マイル行ったところにあるアーミッシュ経営のバレー工具店へ向かった。

プラスチック・タイを購入すると、牛乳回収車に残してきたノートに書きだした品がすべて揃った。九ミリ拳銃、一二ゲージ散弾銃、三〇―〇六ライフル、スタンガン、弾丸六〇〇発は、もう用意ができている。ピックアップにはこのほかに、潤滑ゼリー、ハンマー、くぎ、レンチ、双眼鏡、耳栓、バッテリー、懐中電灯、ロウソク、テープ、二×四と二×六の角材、それに着替え一式を積んでいる。教室に長時間立てこもるためだ。

すべて順調。ニッケル・マインズには予定より少し早く着いた。ちょうど午前の休み時間で、子供たちは校庭で遊んでいる。授業再開まであと何分かあったので、オークションハウス脇の販売機で飲み物を買い、四〇〇ヤード向こうの校庭でソフトボールに興じる子供たちを眺めて時間をつぶす。学校委員会の委員の一人が、イングリッシュの運転するトラックに乗って通りかかり、運動場の子供たちに向かって手を振った。委員はその直後、販売機の横にいたロバーツに気づいたが、とくに気にとめなかった。

午前一〇時一五分頃、エンマが子供たちを呼び入れる。ロバーツはトラックを発進させ、ホワイト・オーク通りを学校へ向かう。開いている白い木製の門をくぐり、そのまま玄関先の小さなポーチを目指す。構内にバックで入るときに、アーミッシュのレンタル店から道具を借りて帰る途中の、近くに住むイングリッシュを遮る格好になった。

物音を聞きつけ、エンマが玄関口に出た。暖かい日だったので、ドアは開けたまま。子供たちも、ポーチにいるのは誰だろうと振り返る。それが農場へ牛乳を集めにくるトラックの運転手であることに、何人かの子が気づいた。ロバーツは、さびた金属片をもち、これと同じような物が道路になかったか、探すのを手伝ってもらえないか、と、エンマと目を合わせないようにして聞いた。エンマが答えた。

「いいですよ、探してみましょう」

ロバーツはいったん車に戻ったが、すぐセミオートマチックの拳銃をもって戻ってきた。校舎に入り、拳銃を振り回し、全員、教室の前へ行って黒板のそばの床に伏せろと命令した。銃を見たエンマは、ほかの大人がまだ教室にいることを確かめると、母親と二人で横のドアから逃げ出し、牧草地を突っ切って、約四分の一マイル先にあるアーミッシュの農家に狂乱状態で駆け込み、助けを求めた。午前一〇時三五分、九一一番の交換手が受けたのは、その農家の電話ボックスからの通報だった。

「学校に銃をもった男がいる」

学校では、ロバーツがおろおろしていた。教師のほかにも大人がいようとは。教師が助けを呼びに行ったのも予想外だった。彼は、一人の男子生徒に、先生を呼んでこいと命じた。

それから、女の子数人の足をジップ・タイで縛り、別の女の子たちを互いに縛りつけた。このとき、言うことを聞けば傷つけないから、と何度か約束している。子供たちは、大人を信じ、言いつけに従うよう育てられているので、彼を信用した――少なくとも初めのうちは。

ロバーツは、自分の行動を見られないように窓のブラインドを下ろしたが、そのとき、一枚が跳ね上がって、床に落ちた。それをつけ直そうと、机に上った間に、足を縛られていなかった九歳のエンマが、「逃げなさい」という女性の声を聞いて、逃げて行った。ほかの誰もその声を聞いていないため、アーミッシュのなかには、あれは天使の声だったと思っている人もいる。それからロバーツは、床に伏せていた一〇歳の男の子を横のドアから追い出した。身重の婦人が泣きじゃくる七歳のナオミ・ローズをなだめていたが、ロバーツに銃で脅され、大人たちは全員追い出された。ついで、男子生徒も全員表に出されたが、男子生徒のうち一一人には、残っている女子生徒のなかに姉妹がいた。ショックと恐怖におののきつつ、彼らは男子用トイレの近くに身を寄せあい、祈った。その間にロバーツは、車に残してある道具を急いで運び込んだ。

やっと、自分と獲物だけになった。ドアをくぎ付けし、暗い室内に少女たちを監禁したそのとき、ロバーツは女の子の一人が祈る声に気づいた。

「俺のために祈ってくれるか？」と聞くと、一人が言った。

「私たちのためにもお祈りして」

すると、彼はこう言い返したという。

「お祈りなんかしたって無駄だよ」

彼は悪事を働きにきたので、祈りにきたのではない。

「誰か一人を好きなようにさせてくれれば、他の子には手を出さない」

こうロバーツが言うと、年少の女の子の一人が、彼の言う意味がわからないまま、仲間を守ろうと名乗り出た。年長の子たちは、それを見て、あわててペンシルベニア訛りのドイツ語で、「駄目よ！　駄目よ！」と止めた。

悲劇が始まる直前、生き残った一人の少女によれば、ロバーツが一度だけ、計画を思いとどまったようなことをつぶやき、ドアに向かって行く場面があった。ところが、どういうわけかまた気持ちを切り替え、少女たちに「こんなことをして」すまない、と謝ったという。生き残った少女たちによれば、彼はこう言っていた。

「俺は神に腹を立てている。だから、クリスチャンの女の子に罰を与え、仕返しするんだ」

午前一〇時四四分。農家の庭先から九一一通報を受けてからわずか九分で、三人の州警察官が学校に到着した。警察は、ドアがロックされブラインドが下ろされているのを確認した。やや遅れて、さらに七名の警察官が現場に駆けつけ、学校を素早く包囲した。交渉担当が、パトカーの拡声器を使ってロバーツに話しかけ、銃を下ろすよう繰り返し説得した。

立てこもったロバーツは、携帯電話で妻を呼び出し、もう家には帰らない、皆に書き置きを残してある、と伝えた。神に腹を立てている、と彼は言った。それは、九年前に生まれた長女のエリーズが、生後わずか二〇分で死んでしまったためだ。妻に宛てた書き置きには、「俺は君にふさわしくない。完ぺきな妻である君にふさわしいのは、もっと……俺の心は自分への憎しみ、神への憎しみ、途方もない空しさで一杯だ。皆で楽しく過ごしていても、なぜエリーズだけがいないんだと怒りが湧いてくるんだ」

警察が来て、少女に悪戯する計画が駄目になったと知り、ロバーツはさらに動顛した。午前一〇時五五分には、自分で九一一番に電話し、「少女一〇人を人質にとった。全員ここから出ろ……今すぐだ。さもないと、二秒で皆殺しにする。二秒だぞ。わかったか！」

それから、少女たちに向かって言った。

「娘の償いをさせてやる」

教室にいた一三歳の生徒二人のうち一人、マリアンが、ロバーツは皆を殺すつもりだと悟り、年下の子たちを何とか守ろうと思って、言った。

「私を最初に撃って」

そうすることで、他の子供を救い、自分が世話を焼いている小さな子たちへの義務を果たしたかったのだ。

午前一一時五分。警察は、散弾銃の銃声三発、続いて拳銃の速射音を聞いた。玄関の窓から発射された散弾が、数人の警官をかすめた。警官隊は校舎に突進、棍棒とタテで窓を壊した。壊れた窓から突入したちょうどそのとき、殺人犯が拳銃で自分を撃ち、倒れた。床の上には、まるで処刑場のように、撃たれた少女たちが一列に横たわっていた。五人は瀕死の状態である。もう五人も重症を負っていたが、頭を両手でかばい、転げ回ったため命が助かった。

警察の通信指令室が、「大量の死傷者」という情報を流したため、まもなく、州と地方の警官一〇〇名、救急隊員二〇名、五カ所から出動した消防車の車両が続々と押し寄せた。

ランカスター郡から派遣された検視官は、現場を「血とガラスとがらくたで埋まったカオス」と表現している。教室内にストレッチャー一〇台は入らないので、警官が子供たちを屋外に運び出し、救急隊員の搬送準備が整うまでの間、止血を試みた。ナオミ・ローズはその間に警官の腕のなかで息を引き取っている。

それは到底ありえない光景だった。学校を取り囲む静かな牧草地は戦場と化した。救急ヘリ五機、警察ヘリ四機がつぎつぎに着陸し、さらに上空を偵察機が舞っていた。マスコミも現場に急行し、警察が学校上空を飛行禁止区域に指定するまで、ヘリ一一機、航空機数機が同時に旋回していたときがあったという。

救急ヘリが最初の子供を乗せて飛び立ったのは、午前一一時二一分。大量の死傷者発生の報から、わずか一一分。ヘリは、ペンシルベニア州ハーシーの医療センター目指し、北東へ飛んだ。すでに事件の情報を得ていたランカスター北部のアーミッシュの農夫たちが、子供一人を乗せ、上空を飛んでいくヘリを見ている。他のヘリは、それぞれランカスター、フィラデルフィア、リーディングの病院へ向かい、さらに一人が、デラウェア州ニューアークのクリスチアナ病院へ搬送された。

親たちは、家族や隣人たちに囲まれて、娘の容体もわからないまま、この恐ろしい事態を遠巻きに見守っていた。そうこうするうちに、ざっと一〇〇人の家族とその友人が、近くのアーミッシュの農場―今し方、教師が母親とともに駆け込んだところ―に集まり始めた。そして、互いに慰めあいながら続報を待った。しかし、誰が死に、誰が生きているのかわかったのは数時間後のことだった。それというのも、子供たちは身分証明になるものを何も身につけておらず、皆、同じような服装で、多くが頭部に傷を負っていたからだ。そのため、どの子がどの病院にいるか、確認が遅れた。病院で撮った写真が、電子メールで移動指令センターに送られて、ようやく家族は、自分の子供の容態と居場所を知ることができた。

時間が経つにつれ、致命傷を負った子の名前も明らかになった。ナオミ・ローズともう二人が学校で死亡していた。私を最初に撃って、と言った一三歳のマリアンと一二歳のアンナ・メイだ。アンナ・メイの父親は、デラウェア州のクリスチアナ病院へ車で駆けつけたが、そこにいたのは別の家の子供だった。その日の夜八時半になって、ようやく、我が子が学校で死んでいたことを知ったアンナ・メイの母親は、「やっと居場所（天国）がわかったわ」と言った。

二人の娘を亡くした家族もあった。クリスチアナ病院へ搬送された八歳のメアリー・リズは、深夜零時すぎ、母親の腕のなかで息絶えている。両親はその後、ハーシー医療センターまで七〇マイルを車で飛ばし、翌朝四時半、こんどは七歳のレーナを、同じように母親の腕のなかで看取ることになった。

事件発生から一六時間のうちに、五人の少女が、アーミッシュの親たちが何度も繰り返した言葉を借りれば「イエスの腕に抱かれた」。重症の五人も予断を許さない。アイオワ州に住む、あるアーミッシュの婦人は、このとき多くのアーミッシュが抱いた気持ちをこう代弁する。

「何度も思い出した歌があるんです。イエスの腕に抱かれて／優しき胸に抱かれて／闇に打ち勝つ主の愛のもとで／わが魂は安らかに眠る」

亡くなった五人の少女は、アーミッシュが信仰する一六世紀の殉教者の列に加えられた。いにしえの殉教譚[後注4]は、千頁もある『血塗られた劇場、あるいは無抵抗なキリスト教徒の鏡となった殉教者たち』、略称『殉教者の鏡』という書物に記録されている。アーミッシュの牧師は、説教をするとき、よくこの大部の本から引用する。信仰ゆえに斬首や火あぶりの刑に処され、拷問を受け死んでいったのは、宗教改革の時代、彼らが異端とみなされたからだ。それからおよそ五〇〇年たち、ニッケル・マインズ校で五人の少女が早世したのは、信仰が直接の理由ではない。それでも、アーミッシュの多くにとって、この子たちは殉教したのと同じだった。

「喜んで死んでいったのですから、やはり殉教者です」と母親の一人は言う。

「いちばん年上の子は、『私を最初に撃って』と言ったのです」

恐怖のさなかで、あの少女が見せた勇気は、恐らく、殉教者の物語に影響されたものだろう。この子が教わった物語も賛美歌も、これから幾世代にもわたって伝えられていく。少女たちがあの朝、学校で歌ったこの歌は、ニッケル・マインズのアーミッシュの心に、今後ずっと、悲しく深く、響き続けることだろう。

人よ、最期を思え、
汝の死を思え、
死はときに速やかに訪れる。
今日生気あふれる者も、
明日か、明日をも待たず、
世を去るかもしれぬのだ。

第三章　余波

この一週間は、誰もがアーミッシュでした——ニッケル・マインズのアーミッシュの男性

ニッケル・マインズで起きた虐殺事件のニュースは、またたくまに全国、そして世界を駆け巡った。冷酷な暴力が、ここにだけは、この人たちにだけはおよぶはずがない、と多くが考えていた対象に向けられたのだ。

ニュースはテレビの中継車から世界中に発信され、アーミッシュのことなどほとんど知らなかった人たちも悲しみに沈んだ。ボルチモア—ワシントン地域に何箇所かあるアーミッシュのファーマーズ・マーケットでは、彼らの店まで献花にやってきて、ひざまずいて祈る一般の人たちの姿が見られた。

「私たちに何と声をかけたらいいのかわからないみたいでした」と述懐するのは、フィラデルフィア州のリッテンハウス広場でファーマーズ・マーケットを営むアーミッシュの男性。

「沈んだ顔で涙を流しながら、何かできることはないでしょうか、と尋ねるんです」

人々は、今回、実にたくさんのことをしている。月曜の午後、事件発生から数時間しか経たないのに、早くも、ランカスター郡危機管理センターから、グリーフカウンセラー(訳注：愛する人を喪失した悲しみを慰める相談員)が派遣され、バート郡区消防署に到着した。彼らはその週の間、ずっと忙しく働き、アーミッシュとイングリッシュとを問わず、人々が恐怖と心痛に対処できるように助けた。他の精神衛生の専門家も、何週間かカウンセリングにあたり、パニックに襲われたアーミッシュの子供や、支援の必要な人たちを支えた。

「彼らはすばらしい仕事をしてくれました」

と、アーミッシュの消防隊員の一人が言う。「もう元に戻ることはできない。『新しい平常』を見つけなければいけない、と言われました」

話のなかで幾度も繰り返されたこの言葉は彼にとって、悲劇の余波のなかで、今後どうすればいいのかを知る手がかりになったようだ。

バート消防署は、たちまちのうちに、警察、消防、救急隊員、ジョージタウンに殺到した何百人ものボランティアの指令センターとなった。他の地域からきた六九の消防団は、その週の間ずっと支援を行った。消防団員は、警察と協力しあって殺到する報道車両を整理し、事件の数日後にとり行われた四組の葬儀では、ジョージタウンの村をゆっくりと通る葬列の警備にあたった。消防団のボランティアと近隣の人たちは、消防署に数千食の食事を用意し、ほぼ一週間にわたって、ざっと五〇〇人分の食べ物を提供した。空腹を抱えたボランティアのため、地元の商店も飲食物を寄贈している。

一方、バート郵便局には、世界各地から何千通というカード、手紙、小切手、それに品物が送られてきていた。宛先に「米国、ニッケル・マインズのアーミッシュの家族」としか書かれていない手紙も何通かあった。ボランティアたちは、四週間にわたり、週五日、消防署でこれらの郵便物を大きなプラスチックかごに仕分けする作業を担当した。それぞれのかごには、犠牲者の家族の名前や、「ロバーツ家」、あるいはただ「アーミッシュ」と書かれていた。ある家族は約二五〇〇通もの手紙を受け取った。

郵便物は一一月半ばには量が減ってきて、仕分けの手伝いが週三日ですむようになった。消防署の事務所はテディベアで埋め尽くされていた。その数は命が助かった子供の人数を何百も上回ったので、余ったテディベアと、そのほかにも送られてきた玩具は、別のアーミッシュ学校の子供たちに寄付された。

このようなイングリッシュの隣人からの心遣いは、アーミッシュをいたく感動させた。「私たちのコミュニティがしてもらったことは、とても言葉では表せない」[後注1]と、『ディー・ボートシャフト（Die Botshaft）*』のジョージタウン通信員は書いている。

「警察は報道陣を遠ざけてくれた。消防隊と救急隊ははるばる遠方から駆けつけてくれた。一週間、道路をほぼ完全に封鎖し、観光客や報道陣をシャットアウトしてくれたのだ」

　記事はさらに続く。

「イングリッシュが私たちにしてくれたことは、言葉では言い尽くせない。世界中からカードや手紙が送られてくる。消防署には大勢の人たちが……近くの人ばかりでなく、見知らぬ人たちまでが集まった」

　今度の悲劇が、アーミッシュとイングリッシュの間にくさびを打ち込むことにならねばよいが、という部外者の心配は、消防署の様子を一目見れば吹っ飛んだろう。そこでは、アーミッシュと州の警察官が一緒に働き、アーミッシュと非アーミッシュの婦人たちが一緒に食事の支度と給仕にあたっていた。つまり、アーミッシュとイングリッシュの間にある文化的な障壁は、事件をきっかけに、むしろ薄くなった。アーミッシュもイングリッシュも、事件が双方の間の距離を縮めた、と口を揃える。

「この一週間は、誰もがアーミッシュでした」とアーミッシュの男性の一人が言った。

　遠隔地からも支援の手が差し伸べられた。他州のグリーフカウンセラー数名が、失意の家族を支えようと、飛行機でペンシルベニアに飛んできた。フィラデルフィアの住民は、入院中の子供のそばで過ごせるよう、アーミッシュの家族に住居を提供した。ある運動用具の製造元は、新設されるアーミッシュ学校のために、屋外用具一式の寄贈を申し出た。品物を贈った人のなかには、見舞い品がアーミッシュの文化に反していないか問い合わせる、という気配りを示す人もいた。フロリダ州の小学校では、生徒と先生が、助かった子供たちに学校で使ってもらえそうな品物を詰める際、グローブ、クレヨン、塗り絵帳、その他、見繕った品物に問題がないかどうか確認してきた。幸い、アーミッシュの文化に調和するものばかりだった。

部外者からの善意には、恩返しにあたるものもあった。二〇〇五年、ハリケーン・カトリーナが米国の湾岸地方を壊滅させたとき、五五人のアーミッシュの大工がミシシッピ州ピカユーンへ出向き、被害に遭った住宅の屋根を修繕している。住民は、学校乱射事件を知って、返礼をしようと思い立った。カトリーナの災禍の傷跡がまだ完全に癒えていないにもかかわらず、彼らはアーミッシュのコミュニティに一万一千ドルの小切手を寄贈した。さらに昔の恩義に報いた人々もいる。一九七二年、ハリケーン・アグネスが大洪水を起こ

＊ Die Botshaft（ザ・ニュース）は、数紙あるアーミッシュの地域新聞の一つ。地元で起きた最近の出来事を、scribes（通信員）が、英語の手紙形式で投稿する。

したとき、アーミッシュが、ペンシルベニア中部の被災地で、残土の片づけを手伝ったことがある。あれから三四年も経つが、当地のいくつかのコミュニティの住人は、あのときのお礼にできることがあればしたい、と電話をかけてきた。

バート郡区消防団には、支援の申し出や、義援金送り先の問い合わせ電話が何百本もかかってきた。コーツビル貯蓄銀行ジョージタウン支店は、ただちに二つの寄付口座を開設。ニッケル・マインズ子供基金と、ロバーツ家基金だ。他の銀行や慈善団体も、寄付口座を用意した。悲劇を聞きつけ、各地でさまざまな募金活動が繰り広げられたが、その一つに「大切だから」と銘打ったオートバイのライドがある。このライドは、犠牲者の家族のために三万四千ドルを集めている。

押し寄せる見舞品に、受け取る側も迅速な調整が必要ということになり、事件の二日後、アーミッシュとイングリッシュの指導者一六人が、バート消防署で対応を協議、数時間のうちに、ニッケル・マインズ・アカウンタビリティ委員会が発足し、九人の男性―アーミッシュ七名、イングリッシュ二名―が委員に任命された。二人のアーミッシュが委員長と副委員長に選ばれ、この地域のメノナイトの指導者であるハーマン・ボントラーガーが、委員会のスポークスパーソンを引き受けた。

「私たちは支援を求めてはいませんが、寄せられた支援は受け入れます」と、委員会は最初に説明した。昔ながらのアーミッシュの相互扶助は、困ったとき、お互い助けあうことをメンバーに奨励する一方、非アーミッシュや外部の機関に依存しすぎることを戒めている。この理由から、彼らは民間の保険に加入しないし、少数の例外を除き、社会保険にも加入していない。今度の乱射事件は、こうした伝統も突き破るほど、大きな事態だったわけだ。

「国中が悲しんでいます」と一人のアーミッシュの指導者は言った。「与えることは、彼ら自身のためにもなるのです」

委員会はこうして、「与える祝福」を他者から奪わないために、外部からの寄付を受け入れることに決めた。

その数日後、公にリリースされた文書で[後注2]、ニッケル・マインズ・アカウンタビリティ委員会は、地域の人々から寄せられた多くの愛の証に謝意を述べた。

「子供たちを失った辛さが消えることはないでしょうが、親切な行為、祈り、見舞品の一つひとつが、私たちの心を慰め、力づけ、癒してくれました」と、文書には書かれている。さらに、警察、消防隊、救急隊、教会、地域団体といった、代表的な協力者の名前を挙げ、謝意を述べた後で、委員会は、もう一つのグループに謝辞を呈している。驚く人もいるだろうが、報道機関だ。マスコミは「赦し、非暴力、相互扶助、質素といった、私たちが大切にしている価値を世界に伝える手助けをしてくれ」、仕事中も数々の「親切な行い」をしてくれた、と文書は述べる。

最後に、寄せられた義援金は、医療、カウンセリング、交通、リハビリ、障害者ケア、「その他、事件により発生した出費」に充当されるということが書かれていた。悲劇の発生から数カ月の間に、世界中から寄せられた義援金は、四〇〇万ドルに上った。

隣人から示された思いやりと、世界中の見知らぬ人たちから寄せられた同情は、アーミッシュに深い感謝の念を起こさせた。アーミッシュのある週刊新聞は、第一面に「ありがとう」という見出しを掲げた。[後注3] 続く論説は、州警察本部長ジェフリー・ミラーが危機の中で果たした役目への格別な感謝の言葉から始まっていた。論説はそれに続いて、「悲痛な日々を送る私たちのプライバシーを守るため、迅速に行動を起こし……コミュニティに法と秩序を維持するため、無私の心で長時間にわたり尽くしてくれた」大勢の専門職とボランティアに、心からの謝意を述べている。そして最後を、「この重荷を軽くするため、イングリッシュ、アーミッシュを問わず、コミュニティ全体がしてくれたすべてのこと……［そして］世界各地から義援金を送ってくれたすべての人、私たちのために捧げられたすべての祈り」への感謝の言葉で結んでいる。

事件で娘一人を失った両親は、ランカスターのある新聞に感謝の手紙を投稿している。

「娘の葬列を飢えたマスコミから守ってくれた州警察のおかげで、どれほど安心だったか、決して忘れません……お礼を述べたいことはまだまだあり、失意のなかでも私たちはたくさんの恵みをいただいているのだと思います。国中の人が私たちのために祈ってくれたことにも感謝しています[後注4]」

部外者の善良さを過小評価していたかもしれないことに思い至ったアーミッシュもいた。『フィラデルフィア・インクワイアラー』の編集長宛ての手紙で、あるアーミッシュの父親が、こう書いている。

「〈現世〉や〈部外者〉への認識が問い直され、変化しました。外界にもたくさんの善があることを改めて知りました[後注5]」。彼はさらに、「立場こそ違え、同じ人間の兄弟姉妹として、困難に遭ったときには、同じ希望や恐怖、願い、感情をもって助けあえるのは、心強い限りです」

ただし、アーミッシュの投稿者たちが真っ先に強調していたのは、やはり、教会を中心とするコミュニティの重要性だ。あるアーミッシュ新聞の編集長は「惜しみなく分け与えてくれたコミュニティ、全能で慈悲深い救い主と神のもとにキリスト教徒が集う教会に、感謝します[後注6]」と書いている。実際、乱射事件の影響を最も強く受けたアーミッシュの家族への支援は、専ら教会のメンバーを通じてなされており、愛する身内を失った者への気遣いとしては並外れたものだ。運動場の備品やテディベア、金銭を寄付したイングリッシュに対し、アーミッシュ同士の心遣いは控え目で、それはたとえば、食事を提供することだったり、慰めの言葉をそっとかけることだったり、あるいは、ただ顔を見せるだけだったりする。しかし、一〇月三日から四日にかけて、娘を失った家族のもとには、何百人という身内や友人がひっきりなしに訪れている。想像を絶する悲しみに沈む親たちと親密な絆をもつこれらの弔問客は、彼らの悲しみを心から支えることができた。

＊　＊　＊

悲劇のなかでも、弔問はアーミッシュの習慣どおりに行われた。アーミッシュのコミュニティでは、イングリッシュの検視官のもとから戻された遺体は、いったん葬儀所に移され、防腐処置を施された後、ただちに家族のもとに戻され、埋葬の支度がされる。女の子は通常、白い服に白いフードという姿で、簡素な木の棺に収められる。死を隠さないアーミッシュの伝統にのっとり、棺の蓋は開けられたままだったので、最後の別れを告げにきた弔問客は、ほんの数日前、学校で起きた惨劇を思い起こさざるをえなかった。

ある家に不幸が起きたという知らせが入ると、教区のメンバーたちが、家族に代わってさまざまな雑用を引き受ける。そして、葬儀までの数日間、家族が、何百人と訪れる友人や身内と過ごせるようにするのだ。年若い母親であるメアリーは、「弔問には大勢の人が来ますが、ただ黙って手を握るだけのこともあります。私も、『あなたのことがとても心配』と言うことはあっても、『あなたのために祈ります』とは言いません。それはおこがましいことなので」と説明する。

牧師の一人がこれに同意した。「弔問の目的は、ただ顔を見せること。だから数分間で帰ります。短い沈黙。それだけです」

ランカスターのアーミッシュ居住区では、弔問は誰にでも開かれているが、葬儀に参列するのは通常、招待者だけ。家族に代わり、友人か身内の誰かが、口頭で招待する。それでも参列者が三〇〇人以上になることはよくあり、多数の参列者を収容するため、葬儀場には、納屋か大きな店舗が使われる。まず自宅で身内だけの慎ましい式をすませてから、本式の葬儀を行う。

五人の少女の葬儀が行われたのは、事件の三日後と四日後だった。三組の葬儀――ナオミ・ローズ、マリアン、それにメアリー・リズとレーナ姉妹――は一〇月五日の木曜日に。アンナ・メイの葬儀は、一〇月六日の金曜日にとり行われた。アーミッシュの他の礼拝でもそうだが、葬儀では通常、ペンシルベニア訛りのドイツ語を使う。しかし、今回行われた葬儀の一つでは、イングリッシュの友人たち、シカゴからの参列者、立ち会った警察官への礼儀上、英語も使われた。
アーミッシュの葬儀では、神の意志に従うことの大切さを訴える説教のほか、賛美歌の歌詞の朗読がなされることが多い。七歳のナオミ・ローズの葬儀で朗読されたのは「我は幼子（I Was a Little Child）」[後注7]。人の世の無常と、祝福された来世の安全を強調した歌だ。

我はこの世に生まれし幼子なれど、
神ははや死をもたらしたもう。
この世の営みに一つの不満もなく、
生まれてこのかた一つの不満ももたず。
我をこの世にもたらした最愛の父、
我を養いたまいし最愛の母、
嘆きつつ我が墓までともないたもう。
されど我は神の賜物、
今、我はみもとに呼ばれ、
神の恵みにより御国の宝に加えられん。
死も我を損なわず、天使のごとく、

我が体、安らぎと永遠の喜びのうちに蘇り、
御栄えを受けし魂も羽ばたかん。

四組の葬儀とも、式のあとは、三六台ほどの馬車を連ねた葬列で、ジョージタウンからバート・アーミッシュ墓地へ向かった。州の騎馬警官と、木棺をのせた霊柩馬車が、葬列の先頭を進んだ。バート消防署の前を通過したときは、消防隊員たちが道路脇に整列し、ヘルメットを脱いで弔意を示した。葬列が自分の家の前を通り過ぎるのを眺めていたロバーツの親戚の一人は、「近隣の人たちや外部の人、家族たちが抱きあい、優しさと思いやりがあふれていた」と述懐している。

葬列が墓地につくと、付添人が棺を埋葬場所へ運んだ。賛美歌の朗読と祈りの後、遺体が下ろされた。「とても仲良しで、よく一緒に遊んでいた」と祖父が言っていたメアリー・リズ、レーナ姉妹の二つの棺は、一つの墓穴へ。

アーミッシュは、四つの葬列の先頭と後尾を騎馬警官で固めてくれた州警察に、深く心を動かされた。墓地につくと、そこにはさらに四人の警官が、入り口を封鎖し、厳かな時間を邪魔しようとする侵入者に目を光らせていた。

「騎馬警官の姿を見たときは本当に恐縮し、涙が出ました」と、あるアーミッシュの事業家は言う。

その週の土曜日には、チャールズ・カール・ロバーツ四世の葬儀に、彼の家族と友人が集まっていた。地元の葬儀所で内輪だけの式をすませると、ロバーツの遺体は、自宅から三〇〇ヤードしか離れていないジョージタウン統一メソジスト教会の墓地へ運ばれた。ロバーツは、生まれてすぐ亡くなり、その死が九年間にわたり彼を苦しめ続けた娘エリーズの、ピンクのハート型をした墓石の隣に埋葬された。

＊　＊　＊

少女たちとロバーツの埋葬がすむと、ロバーツは一体なぜ、こんな凶行を働いたのかという疑問が再び沸き起こった。

「皆、わけがわからないんです」と隣家に住んでいた彼の義理の祖父は言う。「チャーリーは誰からも評判がよかった。きっと正気を失っていたんだ」

自分の子供の世話をするロバーツの姿と、残忍な暴力を結びつけることができなかった。しかも、彼の知るかぎり、ロバーツは「アーミッシュに対し、悪い感情など一切もっていなかった」

ロバーツの行動と唯一関連がありそうなものは、彼の極端な寡黙さだった。「あれは本当に物静かだった。この玄関口に立って、犬にボールを投げているときも無言で、私にも口をきかなかった。話をしたければ、こっちから話しかけないと駄目なんだ」

突発的な行動の理由は、ロバーツ自身が説明していた。ロバーツは、学校から妻にかけた電話で、二〇年以上も前、身内の二人に性的いたずらをした記憶に苛まれている、と話している。しかしこの話も、凶行の説明としては不十分であるように思われた。しかも、彼が言う性的虐待を、どちらの人物も覚えていないのだ。

＊　＊　＊

乱射事件から一週間後、生き残った子供たちのための授業が、近くのアーミッシュのガレージを借りて再開された。引っ越し準備のため、家族と男子生徒たちがレンタルのバンに乗り込み、もとの校舎へ教科書や文房具を取りに行った。血痕やガラスの破片は、救急隊の手できれいに片づけられていた。男の子たちは、校舎に入ると真っ先に教室の前へ行き、女の子たちが縛られていた場所に膝をつき、床に開いた銃弾の穴を指で確かめた。それから自分たちの机へ行き文房具をまとめた。亡くなった少女の親たちは、娘の机から、美術の作品、鉛筆、その他あらゆる思い出の品を引き取った。黒板は外され、授業内容をチョークで書き残したまま、バンに積まれた。

学校を去る間際、親たちの一人が、監督（bishop）に、祈りを唱えてほしいと頼んだ。その場にいた一人によれば、「監督は、私たちに神の大きな祝福が与えられるように、そして、すべては神の御業だとおっしゃいました。また涙が流れましたが、今度は安らぎの涙でした」

監督はさらに、勇気をふるって学校へ来て、机のものを片づけた男の子たちに感謝の言葉をかけてから、「主の祈り」を唱えた。「実に神聖な時間、神聖な場面でした」と一人のアーミッシュは言う。「神の力が働いているのを感じました。大勢が泣き、とても悲しい気持ちでしたが、安らぎも広がっていったんです。手でさわれるほど、近くに神がいる、はっきりそう感じました」

引き上げ支度をしているとき、男の子たちが、校舎の鐘を鳴らす綱のまわりに集まった。あの悲劇からちょうど一週間経ったことを告げるため、ランカスター中の教会が鐘を鳴らすことになっていた午前一〇時四五分きっかりに、鐘を鳴らそうとしたのだ。学校の警備にあたっていた州の警察官が、うなずいて、その時を知らせた。しかし、大勢で力いっぱい引っ張ったので、一回鳴ったところで、鐘が引っ掛かってしまった。何人かが急いで屋根に上り、再び、鐘を鳴らした。

学校は懐かしい場所だったが、あの事件が起きた今となっては、もう戻れない。帰りがけ、男の子たちは、通りの向こうにある仮設校では、どこにソフトボールのダイアモンドを引けるだろう、と相談しあった。西ニッケル・マインズ校には、ソフトボール場が二面あり、全員が同時に遊べた。しかし、今度は一つあれば足りるのだ、ということに彼らは気がついた。クラスメートが一〇人減っている。

無事に生き延びたなかに先生もいた。エンマは、臨時教室に集まった生徒を迎え、授業を再開した。子供たちが「新しい平常」を見つけられるよう手助けすることが、自分のためでもあり、生徒のためでもあった。

乱射事件から数日経った頃、アーミッシュが古い校舎を解体する、という噂がマスコミに流れた。「なぜ解体してしまうんでしょう?」一人の記者から質問を受けた。「清めの儀式ですか?」

そうではない。アーミッシュには、清めの儀式などない。五人のクラスメートが死に、さらに五人が重症を負った教室に、再び子供たちを座らせ、くる日もくる日も、季節が巡っても、恐怖のときを思い出させるようなことを避けたいのだ。事件史に残る場所になってしまったホワイト・オーク通りに、観光客が押し寄せることも心配された。

「気持ちを切り替えたいんですよ」とアーミッシュの農夫が言った。「学校を一目見たいというだけのマスコミや観光客に、ニッケル・マインズに来てほしくないんです」

学校の解体は、しごく当たり前の理由で決められたことだった。

一〇月一二日の午前四時四五分。乱射事件の一〇日後、巨大なシャベルカーが校舎を壊し始めた。ものの一五分で、学校は跡形もなくなった。作業はマスコミの目を避け、明け方暗いうちに大きな照明灯をつけて行われたが、それでも、この死の館の解体を、数人のカメラマンとアーミッシュが見届けに来た。

＊　＊　＊

乱射事件から数週間経ったある金曜の夜、州警察とアーミッシュの家族たちが、バート消防署に集合した。集会には、病院から帰ってまもない三人の少女も特別に顔を出した。少女たちは、救ってくれた警官を見るや、駆け寄った。

「感動的な集まりでしたよ。言葉では表せないほど。警官もアーミッシュも、心にためていた思いを、あの場でさらけ出すことができました」と、一人の父親は言った。「どちらにとっても有意義なことでした。娘たちも慰められたでしょう」

警察について、アーミッシュの口から出るのは賞賛の言葉ばかりだ。「警察の人たちは素晴らしかった」と、ある店員は言う。そしてこうつけ加えた。「こんど見かけたら、手を振ろうと思っています」

ランカスター郡のアーミッシュの多くが、同じ気持ちでいるようだ。部外者には概して寡黙な彼らだが、道路で警官とすれ違うとき、手を挙げて挨拶する人たちが出てきた。彼らにとっての「九・一一」の後、地域を警備し、喪に服す場を確保してくれた州の公務員、「もう一つの王国」に属する人々への新たな敬意が芽生えていた。

記者たちは、乱射事件が、アーミッシュ学校のとりわけ保安面に影響をおよぼすのではないかと気にしていた。アーミッシュも同じことを考えた。一〇月一〇日、事件から八日後、アーミッシュの指導者たちが一軒の家に集まり、アーミッシュ、イングリッシュ双方から多くの問い合わせがきている保安上の問題を協議した。電子警報装置を設置すべきなのか？　九一一通報専用の携帯電話というのはどうだろう？

指導者たちは、警報装置を配備しても、それで銃犯罪が防げる保証はないし、ある長老の言葉を借りれば、それはむしろ「神への信頼」を弱め、「学校が受けている祝福を失いかねない」と危惧した。

この集まりでは、電子的な装置より、物理的な補強策をとろう、という考えが支持された。つまり、学校のドアをロックする、中からは出られるが、外からは入れない錠（パニックバー）をつける、丈夫な柵をつくり、それに頑丈な鍵をかける、などである。避難訓練や、学校をアーミッシュの住宅近くにつくるという案を出した人もいる。しかし、これらはあくまで提案にすぎない。最終的な決定は、全国に何百とあるアーミッシュ学校の学校委員会にゆだねられ、彼らが必要と判断した変更が行われることになる。神への信頼と人のつくる装置との間の微妙な線引きは、それぞれの学校委員会にまかされているのだ。

一一月半ば、新しい学校用地が決まり、二〇〇七年の早いうちに建設されることになった。もとの学校の校庭には草が生え、隣の牧草地とひと続きになっている。しかし、体が完全に回復していない子供もいる。三人の少女はその後、学校に復帰したが、一人は常に看護が必要な状態で、自宅で療養している。もう一人の女の子は、まだフィラデルフィアの子供病院に入院中だが、クリスマスには帰宅できそうだ。この子は、自分を大きな箱に入れ、リボンをかけて両親にプレゼントしてほしいと看護婦に話したそうで、それを聞いたアーミッシュを喜ばせた。

そして、もう一人のナオミ・ローズ。あの朝、学校を訪問し、現場から追い払われるまで、狂乱状態のナオミ・ローズをなだめていた二二歳の身重の婦人は、八日後に出産した娘に彼女の名前をつけた。

ニッケル・マインズのアーミッシュは、立ち止まっていない。生き残った者の心と体にはまだ深い傷が残っているが、コミュニティが一丸となって気持ちを切り替え、互いに思いやり、信仰の道を歩もうとしている。神に助けられ、「新しい平常」を生きようとしている。

第四章　驚き

相談して決めたと思ってる人が本当にいるの？——あるアーミッシュの祖母

静かなアーミッシュの村を襲った学校乱射事件は、世界に衝撃を与えた。しかし、それと同じくらい世界を驚かせたのは、ニッケル・マインズのアーミッシュが、その直後に殺人犯を赦し、その家族に思いやりあふれる対応をとったことだった。

事件直後、同情した外部の人々がアーミッシュのコミュニティを支援していたとき、アーミッシュ自身も別の仕事にとりかかっていた。優しく、そっと、静かに、赦しという困難な課題に取り組もうとしていたのだ。

アーミッシュが、ロバーツの未亡人と遺児たちも事件の犠牲者なのだ、と気がついたのは早かった。夫や父を失った上に、プライバシーも暴かれている。しかも、アーミッシュの犠牲者と違い、ロバーツの家族は、最愛の人が無垢な子供と家族に凶行を働いた恥を忍ばねばならない。アーミッシュのなかには、事件後わずか数時間のうちに、早くもロバーツの家族に手を差し伸べた人たちがいた。

　近くの教区の牧師エイモスは、我々にこんなふうに説明した。

「ええ、私たち三人は、月曜の夜は消防署近くにいたんですが、そのとき、ロバーツの未亡人エイミーに言葉をかけにいこう、ということになりました。まず自宅へ行ってみると、誰もいない。彼女のお爺さんの家も訪ねてみましたが、そこにも誰もいない。それで、お父さんの家へ歩いて行ってみると、エイミーと子供たち、彼女のご両親がいました。私たちは一〇分ほどお邪魔してお悔やみを言い、あなたたちには何も悪い感情はもっていませんから、とお伝えしてきました」

　同じ晩、数マイル離れたところでは、別のアーミッシュの男性が殺人犯の父親を訪ねていた。父親は元警察官で、地元のアーミッシュのための運転手をしていた。ロバーツ家の代理人ドワイト・レフィーバーは、後にマスコミ取材に対し、アーミッシュの隣人が一人、家族を慰めに来たことを話している。

「その人は一時間そこに立っていました。それから彼（ロバーツの父親）を抱擁し、『私たちはあなたを赦しますよ』と言いました[後注1]」

　その翌日から、ロバーツの両親のもとをつぎつぎとアーミッシュが訪れては、赦しの言葉を伝え、彼らを優しく気づかった。

一方、エイミーの祖父は、乱射事件の翌日、ロバーツが牛乳集めに回っていた家の一軒で、娘を殺された家族のもとを訪れている。彼はこう述懐する。

「殺された娘のお父さんもお爺さんも顔なじみだ。台所で挨拶して、彼らの手を握り抱きあったよ。そのとき、彼らは私に何の恨みもないと言った。赦してくれるというんだ。胸が痛み、信じられないような気持ちだった」

それに続く日々の出来事を、彼はこう話した。「エイミーの家にアーミッシュがつぎつぎとやって来ては、赦しと慰めの言葉をかけ、見舞いの品を置いて帰るんだ。彼らが来るのが、うちの窓からも見えるんだよ」

ニッケル・マインズのアーミッシュのなかには、別のところで赦しの決意を示した人もいた。事件の二日後、水曜日の朝五時半頃、殺された二人の姉妹の祖父は前の晩寝つかれず、学校のそばを歩きながら死んだ孫娘たちのことを思っていた。やっとのことで駆けつけた二つの病院で、孫たちが一人ずつ、母の腕に抱かれて息を引き取るのを見届けてから、丸一日しか経っていない。そのとき突然、スポットライトが浴びせられ、テレビカメラを従えたレポーターが近寄ってきた。

「犯人の家族に怒りの気持ちはありますか?」と女性レポーターが聞いた。

「いいえ」

「もう赦している？」

「ええ、心のなかでは」

「どうしたら赦せるんですか？」

「神のお導きです[後注2]」

同じ日の午前中、ジョージタウンに住むアーミッシュの女性が、CBSの「アーリー・ショウ」にシルエットで出演し、殺人者を赦すことについて語っている。「赦さなければいけません。神に赦していただくには、彼を赦さなければいけないんです[後注3]」

マスコミを通じ全国に報じられたもう一つのエピソードは、先ほどの姉妹とは別の犠牲者の祖父の話だ。自宅に安置された棺に横たわる孫娘の無残な姿を見て、まわりにいる幼い子供たちに「こんなことをした人でも、悪く思ったりしてはいけないよ」と言ったというのだ[後注4]。

さらに、ジョージタウンに住むアーミッシュの工芸家も、ＡＰ通信の取材に対し、恵みの精神を示している。

「あの人たち（ロバーツの未亡人と子供たち）がこの土地にとどまってくれるといいんですが。友達は大勢いるし、支援もいっぱい得られる[後注5]」

アーミッシュの恵みは、自然に出る言葉や態度にとどまらなかった。殺された何人かの子の親たちは、ロバーツ家の人たちを娘の葬儀に招待した。さらに人々を驚かせたのは、土曜日にジョージタウン統一メソジスト教会で行われたロバーツの埋葬では、七五人の参列者の半分以上がアーミッシュだったことである。近隣の牧師エイモスもその一人だったが、単にそうするものだと思ったからだと言う。

「自然と、行かなくちゃ、という話になったんです」とエイモスは言った。

「私たちのなかにも、あの一家をよく知っている者が多いし。それで、まず消防署の前に集まり、ガレージの裏の道をずっと歩いて行って、遺体を運ぶ葬列を待ちました……仲間の多くは、エイミーと子供たちにお悔やみを言わせてもらいました」

ロバーツの葬儀の前日か前々日、我が子を埋葬したばかりのアーミッシュの親たちも何人か墓地へ出向いて、エイミーにお悔やみを言い、抱擁している。葬儀屋は、その感動的な瞬間をこう回想する。

「殺されたアーミッシュの子の家族が墓地に来て、エイミー・ロバーツにお悔やみを言い、赦しを与えたところを見たんですが、あの瞬間は決して忘れられないですね。奇跡を見てるんじゃないかと思いました」

この「奇跡」をまじかで見たロバーツの家族の一人は、こう述懐する。

「三五人から四〇人ぐらいのアーミッシュが来て、私たちの手を握りしめ、涙を流しました。それからエイミーと子供たちを抱きしめ、恨みも憎しみもないと言って、赦してくれた。どうしたらあんなふうになれるんでしょう」

ロバーツの葬儀への参列は、アーミッシュの温かい思いやりのなかでも最も際立っていたかもしれないが、それで終わりではなかった。乱射事件から数週間経ったある日、バート消防署でロバーツ家―エイミー、エイミーの姉妹と両親、死んだチャールズの両親―と、子供を失ったアーミッシュの家族たちが面会したのである。出席した何人かによると、それは痛切な悲しみを分かちあい、癒しあう機会になったという。

「私たちは輪になって座り、順番に自己紹介しあいました」と、アーミッシュの指導者は、そのときの様子を語る。「エイミーはただもう泣きじゃくるばかり。ほかの者も話しては泣き、話しては泣きしていました。私はエイミーのそばにいたので、彼女の肩に手をかけ、立ち上がって慰めようとしたんですが、自分も泣いてしまいました。本当に心が震えるような経験でした」

別のアーミッシュの参加者は、「あの日、どれほどの涙が流されたことか。あれは神様のお力ですよ」

彼らの赦しは、お金の形でも表された。事件の二日後、ニッケル・マインズ・アカウンタビリティ委員会が発足したとき、委員たちはロバーツ家も支援したいと思った。そのため、委員会の名前にも「アーミッシュ」という言葉を入れず、「ニッケル・マインズ」だけにした。一人の委員は、「今度の事件は、アーミッシュだけでなく、地域全体にふりかかった悲劇です。ロバーツ家の人たちも同様に支援しなくては」と語っている。

後の話し合いでも、別の委員がこう発言している。「収入のなくなった彼らの面倒を誰がみるんです？　我々が千ドル受け取るのに、彼らが五ドルしかもらえないとしたら、それは間違っている」

委員会はロバーツ家に連絡をとり、基金の一部を未亡人に渡すことを決めた。

アカウンタビリティ委員会を通じた義援金のほか、コーツビル貯蓄銀行のロバーツ家基金に個人的に寄付したアーミッシュもいる。ある事情通によれば、その数は数十人だ。あるイングリッシュの男性が、窓口で寄付金を払い、後ろを振り返ったところ、二人のアーミッシュが順番を待っていたという。

有形の行為を通じて示された彼らの恵みは、ロバーツの遺族に通じた。

エイミーの親戚の一人は、「あれは耐え難い出来事でしたが、親切なアーミッシュのおかげでどんなに救われたか……赦してもらえてよかった」と言う。

もう一人の親戚も同じ意見だった。そして、多くの評者が述べていたことを繰り返した。

「もし被害者がアーミッシュでなく、私たちの誰かだったら、訴訟につぐ訴訟でしょう……ところがここでは逆に、皆の距離が縮まっているんですもの」

事件の一〇日後、公式に出された声明で、ロバーツ家の人たちはアーミッシュのコミュニティに特別な謝辞を述べている。

「私たちの家族やコミュニティを越え、世界をも変えつつある皆さんの思いやりに心から感謝申し上げます[後注6]」

ロバーツの両親の親友はこう語る。

「いろいろな形で伝えられた赦しが、彼らを解放し、深い悲しみを癒し、気持ちを切り替えられるようにしてくれた。将来に希望がもてるよう、重荷を取り除いてくれたんだよ」

エイミーの友人も言う。

「アーミッシュの赦しと思いやりは、彼女の心に強く響きました。あの子はひたすら感動しています。アーミッシュの人たちは事件の後、何週間かの間、ちょくちょく彼女を訪ねていましたよ。埋葬にも立ち会い、家にお花や食事を届けてくれていましたね」

＊　＊　＊

こうした思いやりのある素朴な行為の一つひとつが、学校の惨劇をかすませていった。事件の二日後の水曜日には、我々がマスコミから受ける問い合わせも、アーミッシュ学校に関するものから、アーミッシュの赦しに変わっていた。なぜこんなに早く赦せるのか？指導者の指示か？　あるいは、すべては偽装で自己宣伝なのか？

疑問に答えきれずにいるうちに、アーミッシュの赦しをとりあげたニュースがつぎつぎと発信されてしまい、『ワシントン・ポスト』、『USAトゥデイ』、NBC「ナイトリー・ニュース」に「ラリー・キング・ライブ」、『クリスチャン・サイエンス・モニター』にクリスチャン・ブロードキャスティング・ネットワーク、さらにはドバイの『カリージ・タイムズ』からオーストラリアのテレビまでが、まだ取材も始まっていないストーリーを報じることとなった。

口火を切った報道に続いて、赦しの美徳を巡る考察、逆に情緒的に不健康だという批判、九・一一テロに赦しで応じたらどうだったか、などさまざまな批評、論評がメディアにあふれた。一般の人々もこの議論に加わり、アーミッシュの恵みへの驚きや、我々も見習うべきではないか等々の手紙が、新聞の読者から何千通も寄せられた（こうした反応の一部は次章で掘り下げる）。

しかし、これらの手紙や論評には、これまで述べてきたようなこと、つまり、アーミッシュの恵みが具体的にどんな形をとっていたかが、書かれていなかった。マスコミを前にしたときの彼らの寡黙さを考えれば、この情報ギャップも無理からぬことだが、今回の彼らの沈黙は、アーミッシュは自己宣伝しない、ということだけでは説明し尽くせない。赦しの具体的行為について彼らがとくに説明しなかったのは、彼らにとって、赦すということが、自然で自発的、つまりしごく当たり前のことだったからだ。赦さないという選択肢はないんですよ、と溶接工でもあるイーライ監督は言う。

「赦すことは私たちの日常生活の一部ですから」

どうしてこんなに早く赦すと決めたのか？　インタビューでこの質問をすると、実際、何人かのアーミッシュは笑いだした。

「相談して決めたと思ってる人が本当にいるの？」

七五歳の祖母ケイティは笑いながら、台所で働く手を休めずに言った。

「赦すことは最初から決まっていたんです」とイーライ監督は説明する。

「私たちは無抵抗主義者ですから。自発的、自動的に赦す。昔からずっとそうなんです」

我々がインタビューしたアーミッシュ全員が、ロバーツを赦し、彼の家族に思いやりを示したのは教会の指令でもなんでもなく、信仰から自然に出たものだと口を揃えた。逆に、アーミッシュの赦しに外部の人が驚いたことが、彼らには意外だったようだ。

「なぜ驚くのです？」とあるアーミッシュの男性が言った。「ごく普通のキリスト教の赦しなのに。誰もがすべきことでしょう」

書店主で、三人の子供の母であるサディも、アーミッシュの赦しに全国の人たちが注目していることにびっくりした。

「マスコミがこんなに騒がなければ、赦しが私たちの生活の大事な部分を占めているってことすら気づかなかったわ。そんなに大事なことだとは思ってもみませんでした」

アーミッシュはここにおいて、新たな難題、殺人犯とその家族を赦すのと同じくらい大変な課題を背負い込むことになった。外部からの大きな期待に応えるということだ。

「赦しのニュースのせいで、新聞記者から期待の目で見られるようになってしまった」と言うのは、元の学校の近くに住むアーミッシュの工芸家だ。

「新たな重荷を背負い込んでしまいました」と別の一人も嘆く。多くのアーミッシュが、一斉に注目を浴びた結果、自己反省を迫られている気がしていた。ある若い父親は困惑してこう言った。

「なぜ世間の人はこんなに赦しに飢えているんだ？　なんか居心地悪いよ。大きな責任を背負わされたみたいで。俺たちは持ち上げられるのは嫌いなんだ。でも、今じゃ世間の目が光っていて、俺たちが本当に赦しているのかどうか監視してる。よくわからないよ。アーミッシュは、本当に世間が思ってるような人間なんだろうか？」

インタビューしたアーミッシュたちは、マスコミや世間の注目によって偶像に祭り上げられることへの不安を、繰り返し表明した。慎ましくありたいと願い、自己宣伝を嫌う人たちへの世間の絶賛が、彼らに強い不安を与えていた。

「私たちのことが知れ渡ってしまったね」とバード・イン・ハンド村の近郊に住む一人の祖母が言った。それはアーミッシュのコミュニティにとって「薄氷」の上で暮らすようなものだ、と彼女は言った。世間はアーミッシュのことを気にするばかりでなく、「買いかぶりすぎてるわ……私たちはマスコミが言うほどのもんじゃないわ。『善良すぎる』とか持ち上げられてるけどね」

偶像化されることを恐れる理由はもう一つある。それは、非アーミッシュの隣人のなかには、学校乱射事件のずっと前から、アーミッシュへの好意的な報道をよく思っていない者もいることだ。高速道路をのろのろ進むバギーにときに苛立ちを露にする地元民のなかには、「アーミッシュは何一つろくなことをしないと思っている人もいます」と、牧師を務める農夫のギドが言った。

「マスコミで美化されるのを見たら、その人たちはうんざりするでしょう。そんなにいい奴らじゃないって思っていますからね」

事実、乱射事件から何週間か経った頃にも、従業員の解雇など冷たい仕打ちを受けたとして、近隣のイングリッシュの一部が、アーミッシュの雇用主への不満を訴える出来事があった。
　ランカスターのアーミッシュをさらに深いジレンマに陥らせたのは、神の言いつけだった。それはしごく明瞭で、慎ましく暮らし、虚栄を避けよというものだ。アーミッシュが従順に守っている「主の祈り」の最後の言葉は、「国と力と栄えとは限りなく〈汝の〉ものなればなり」。ところが突然、「栄え」を自分たちが受けてしまった。人前で善行をするな、というイエスの言葉を思い、彼らは大いに悩んだ。イエスが非難したような、人目につく場所で施しをする偽善者になりたくない。しかし、彼らのコミュニティを巻き込んだ報道の嵐のなかで、ひそかに善行を行うのは至難であった。

　こうした不安のせいもあって、自分たちの信仰の基礎にあるものは何か、公の場で説明しようとするアーミッシュも現れた。殺された子供の父親の一人は「なされたすべてのことについて、賛えるべきは神です。我々でなく、神です」と強調した。

　もう一人の殺された少女の両親は、ランカスターの新聞にこんな投書をした。「イエス・キリストへの信仰を通じてのみ、赦しが可能になります。私たちアーミッシュではなく、主こそが、賞賛と栄光に値するのです」[後注7]

　公に信仰を語るようなことは、ほとんどのアーミッシュ・コミュニティは避けて通る。アーミッシュは一般に、組織的な布教を支援も実践もしない。他の福音主義者から、布教に不熱心と批判されるほどだ。言葉より行いを重んじるアーミッシュは、相手を自分たちと同じ考えに染めようとするよりは、難民や被災者に物質的支援を行うほうを好む。彼らの見解では、言葉による布教というものは、コミュニティ全体を帰依させるものではなく、個人の改宗が目的になっていて、そのために巧妙で高圧的な説得が行われている。

このように考えているため、彼らは、イエスが山上の説教でしたたとえ話、山の上から闇を照らし、善行によって神の恵みを知らせる光の話のほうに、より魅力を感じる。ある店員は、アーミッシュの赦しのニュースが世界に広がっていくのを、このイメージで語った。

「今度のことは、『マタイ伝』第五章に出てくる、『あなたがたは世の光である。山の上にある町は、隠れることができない』（『マタイによる福音書』第五章第一四節）というたとえを思わせます」

「もっと布教をしたり、教誨師を務めてはどうかという意見が出ることもあります。でも、何をしたって、今度の出来事ほど私たちの存在を知ってもらうことはできなかったでしょう」

赦しのニュースを伝えた大量の報道を思い返しつつ、ある農夫は言った。ギドも同じ意見だ。

「たぶん神が、私たちに少しだけ伝道をさせたんです。たぶん神が、御言葉を広めるためにマスコミをお使いになったんですよ」

アーミッシュの誰もが、今度のことに伝道的な意味を見出しているわけではない。しかし、明確にそれを意識している人もいた。「この（赦しの）メッセージこそ世の光です」とエイモス牧師は言う。

「私たちは世の光にならなければいけない。でも、『私のしていることを見なさい』という態度ではいけない……栄えはあるべきところ［神のみもと］にゆだねるべきです」

娘を失ったある父親は、赦しは言葉を超えたもの、と何度も強調した。キッチン・テーブルを囲んで話を聞く我々に、彼はこう語った。

「私たちが赦しというのは、言葉ではなくて、行為なんです。言ったことではなく、したことのなかに、赦しがあるんですよ」

別のアーミッシュの男性からファックスで届いた手紙の末尾には、ある教会が掲げている言葉が書き添えられていた。

「福音を伝えよ。必要なら言葉も用いよ」

アーミッシュも彼らなりに福音を伝えていた。ただ、めったに言葉は使われないのだ。乱射事件の数時間後に犯人の家族を赦すというのは、急にやろうと思ってできることではない。赦しは、アーミッシュの生活のなかにしっかりと織り込まれている。その糸は、神への信仰、聖書の教え、そして殉教の歴史が固くより合わさってできている。アーミッシュの赦しを伝えるニュースは、乱射事件そのものに劣らず世界を驚かせた。事件後何日か経つ頃には、アーミッシュの赦しは多くの点で、残忍な虐殺の物語をしのぐ、一つの物語になっていた。アーミッシュの恵み、それが世界に与えた影響により、事件の記憶がなくなったり、遺族の悲嘆が消えることはない。しかし、この恐ろしい出来事から、どうか、どこかに、何か善いことがもたらされてほしい、という彼らの祈りは、それによって報いられたのかもしれないのである。

第五章　反響

もし、アーミッシュにテロとの戦いをまかせたら、どうなっただろう?
――ダイアナ・バトラー・バス(宗教コラムニスト)

赦しが全国的な話題になるようなことは滅多にない。道を踏み外した宗教指導者が罪を悔いたとき、赦しの美徳について意見が交わされたことはある。クリントン大統領がモニカ・ルインスキーとの戯れを告白したときも、同様の議論が起こった。しかし、この種の宗教的な話が、食事の席でもオフィスのなかでも話題に上ることはそう多くない。

ニッケル・マインズ事件へのアーミッシュの反応は、全国で赦しが語られるきっかけになった――無論、マスコミの助けを借りてではあったが。月曜日の事件後二日を待たず、アーミッシュの赦しは、惨劇の細部や奇妙な犯罪動機を越え、報道の中心テーマになった。木曜と金曜は少女たちの葬儀に注目が集まったが、そのときもマスコミは、癒しをテーマに選び、これらの葬儀を招いた張本人を、アーミッシュがもう赦していることを報道した。

前後して、アーミッシュの赦しに関する論説が続々とメディアに登場し、事件の一週間後にその数はピークに達した。それらの記事はいずれも、米国人の思い描くアーミッシュ、つまりテクノロジー恐怖症で、バギーに乗って、質素な服を着た人たち、というお決まりのイメージを一掃するものだった。世間の人たちを驚かせた報道の渦のなかで、当人たちも知らないうちに、アーミッシュは世界で最も寛容な人たちということにされた。

　ある話題がマスコミの注目を浴びる理由は、簡単にはわからない。ある出来事の報道価値は何によって決まるのか？　いうまでもなく、ランカスター郡にマスコミが集まったのは、殺人事件の取材のためだった。静かな農村の一教室学校という舞台が、事件の悪辣さを際立たせた。かくも恐ろしい犯罪が、なんとアーミッシュの村で起こったという事実が、ニュースにインパクトを与え、続いて示された彼らの情け深い行為により、ドラマはこの上なく盛り上がった。マスコミも、悲劇のまっただ中から、何かそれを埋めあわせてくれるもの、アメリカのハートランド（訳注：中西部を中心とした保守的な地域。心のふるさと）に今も残る善良さを伝える素材を提供し、読者を安心させたかったのではないだろうか。[後注1]報道陣の多くも、見聞きするものに驚嘆しつつ、この話は読者、視聴者に受けると確信していただろう。しかし、動機が何であったにせよ、アーミッシュ、そして赦しが全国で話題にされるきっかけになったのは、ニッケル・マインズ乱射事件であることは間違いない。

アーミッシュの赦しへの称賛

メディアに現れたさまざまな反応のなかで、最も目に付いたものは驚愕だった。評論家は、アーミッシュが赦した、それもこんなに早く赦したことに繰り返し驚きのコメントを寄せた。記者のなかには、当惑が懐疑に転じたのか、これはアーミッシュの自己宣伝ではないのか、と疑問を投げかける向きもなくはなかった。しかし総じて彼らは、アーミッシュがロバーツとその家族を赦したことを疑わず、そのことに驚嘆していた。モンタナ州へレナのコラムニストが、多くの人が受けた印象を代表する感想を述べた。

「私はニッケル・マインズで起きていることに心の底から感動している」[後注2]

人々はただ驚いただけではない。評者の大半がアーミッシュの赦しは称賛に値するという意見を述べていた。「なんて素晴らしい人たちでしょうか」と書いたのは、彼らのコミュニティに近いペンシルベニア州リティッツの女性。

「すべての人が、彼らの信仰と赦しを見習ったなら、この世界はどんなによくなることでしょう」[後注3]

フィラデルフィアの新聞には、米国人はアーミッシュの行為を見て「恥じ入る」べきだ。

そして「彼らを見習う」よう努めるべきだ、という投稿が載った。[後注4]『サクラメント・ビー』の女性コラムニストは、アーミッシュのコミュニティも「それなりに問題を抱えているから」「理想化」はしたくない、と慎重な姿勢を示しながらも、「彼らが平然と示した思いやりがどれほど並外れたものか、しばし」考えてほしいと読者に訴えた。[後注5]

「我々も、あのぐらい奇妙で、風変わりで、型破りでありたいものだ」という声もあった。[後注6]アーミッシュの赦しへの称賛に続いて、多くの人は、何がアーミッシュをして赦しを可能にせしめたか、という問いを投げかけた。しかし、それに対する答えは、アーミッシュは腐敗する前のキリスト教の信仰を体現しているから、というごくあっさりしたものだった。インディアナ州フォート・ウェインの新聞のコラムはこう述べていた。

「アーミッシュは、真のキリスト教とはどういうものかを示した」[後注7]

アーミッシュの素朴な誠実さを指摘する声もあった。彼らの対応を利他主義と結びつけ、それを奨励した意見もある。

「これはアーミッシュというより、我々自身の問題だ。復讐ではなく、手を差し伸べることこそが生き残りへの道であることを理解し、静かな勇気をもって生きていくことだ」[後注8]

最後に、多くの評者が、ニッケル・マインズ事件へのアーミッシュの反応は、自分自身の生活や米国社会のあり方を反省する機会を与えてくれたと述べている。そのような反省は、しばしば、アーミッシュと比べ欠点だらけの現代文化への不安とつながっていた。多くの評者が、米国で隆盛を極める世俗主義を嘆き、別の一人は、議論の余地はあるにせよ、「アーミッシュの信仰」を「我々の父祖のキリスト教信仰」と同等のものとみなした。[後注9]

乱射事件の後、ニューヨーク州ビンガムトンの新聞が「あまりに現代的な病的社会」と題するある女性筆者による論説を掲載した。彼女は昨今の米国人の暮らしで廃れてしまった四つの言葉として〈無垢、品位、敬意、礼儀〉、さらに復権させたい五つ目の言葉「赦し」を挙げ、そこでアーミッシュに触れた。記事はこう結ばれている。「洗練された現代社会はアーミッシュの『後ろ向き』な生き方を冷笑するが」、ニッケル・マインズで与えられた赦しを思うと、「彼らのほうが私たちよりずっと進んでいるのかもしれない[後注10]」

しかし、あの事件の後、アーミッシュを冷笑するような人は実際にはほとんどいなかった。むしろ事件直後の論説や論評の大多数は、赦しの行為への驚嘆、それを実行したアーミッシュへの称賛、彼らの生活に非常に好意的な意見、米国で主流になっている生活のありように対する嘆きの四つに分類できた。

この四つとも、アーミッシュの生活が以前から称賛の対象だったことがベースになっている。外部の人間は長い間、結束の固いコミュニティをつくり、現代テクノロジーに抵抗するアーミッシュに魅力を感じており、彼らはイングリッシュにはない何か善いものをもっていると思っている人たちもいる。ニッケル・マインズ事件の後は、こうした賛嘆の声の響きに変化が生じた。アーミッシュは、部外者にない善いものを〈もっている〉だけではない。多くの人の目に映った彼らは実際、〈善い〉人たちだった――少なくとも米国人の大多数よりは。事件から数カ月後、宗教サイトの「ビリーフネット（Beliefnet.com）」が「最も感銘を与えた人たち」の候補を発表したとき読者から圧倒的支持を得たのは、ペンシルベニア州ニッケル・マインズのアーミッシュであった。

アーミッシュの赦しへの疑問

アーミッシュの赦しが絶賛されていた時期、声は小さいが頑強な反論もあった。いち早く辛辣な批判を行ったのは、事件直後の日曜日に『ボストン・グローブ』に掲載されたジェフ・ジャコビー（訳注：保守派のコラムニスト）の論説だ。後注11 あちこちに転載された記事のタイトルは「不相応な赦し」。ジャコビーは、アーミッシュが悪に善で報いよというイエスの教えに従おうと奮闘する姿は「実に感動的」だと認めた上で、「憎しみが常に悪いわけではないし、赦しが常に適切とも限らない」と彼の考えを述べた。そして読者にこう問いかけている。「我々のなかに、子供が虐殺されたのに誰も怒らないような社会に住みたいと本気で思っている者が、どれだけいるだろう?」

問題は赦しそれ自体にあるのではない。「自分を傷つけた人間を進んで赦すことは、美しいし、賞賛に値する」と彼は言う。しかし、今度のケースはこれとは異なる。なぜなら彼らは、〈他者〉を傷つけた人物に赦しを与えているのだから、とジャコビーは指摘する。「誰かが他者に不当な仕打ちをしても、容易に赦されてしまうのだとしたら、世界をよくすることなどできない」

アーミッシュが頻繁に寄りかかる権威である聖書を、ジャコビーも引用する。『伝道の書』(訳注:本書の他の箇所で引用している新共同訳聖書では『コヘレトの言葉』)は、「愛するに時があり憎むに時がある」(訳注:新共同訳では「愛する時、憎む時」)と教えている。そして『詩編』第九七編にはこう書かれている。「主を愛する人は悪を憎む」

アーミッシュの赦しをこれと同じ視点から批判した評者はほかにもいる。

「アーミッシュはなぜ現実を無視するのか?」

イギリスの『オブザーバー』に載ったクリスティーナ・オドーネ(訳注:イタリア系カトリックのコラムニスト)による論説だ。[後注12] オドーネは、娘たちを殺した人物へのアーミッシユ・コミュニティの反応に「心をかき乱される」と言い、「彼らは無垢な者の大量殺戮を前にしても、主は与えたもう、主は取りたもう、と繰り返すばかりだ」と批判する。彼女の懸念は、赦しよりも、彼女がアーミッシュの生活に内在すると指摘する「運命論」に集中する。彼女によれば、何が起ころうと受容するアーミッシュは、その徹底した平和主義とあいまって、「無意味な殺戮が容認される、希望のない世界の住人であり」、魅力的で古風な馬車もこの埋めあわせにはならない。

　このような批判は、数こそ少なかったが、事件後、アーミッシュに寄せられた絶賛とは顕著な対照をなしていた。その内容は、『ボストン・グローブ』や『オブザーバー』がニッケル・マインズ事件の論評をするずっと前から、一部の批判者が指摘していた点と重なっている。たとえば詩人デニス・デュアメルが一九九六年に発表した詩には、飲酒運転の犠牲になった近くのアーミッシュの少年と、この悲劇への家族の反応が書かれている。

「アーミッシュの隣人は／赦す[後注13]」

　と書いた後で、感情をこめた行が続く。

「僕はすべてを見たいんだ
　勇敢な戦いや／死別の悲しみを見たいんだ
〈口を開こうとしない〉みやげ物屋のアーミッシュ人形じゃないんだから」

アーミッシュは情緒的な苦痛をやみくもに抑えつけ、心のない人形のように悲しみを処理している、と彼女は言いたいのだ。

『USAトゥデイ』のブロガーの一人も同じ観点から批判をした。

「こんな異常な事態が起きたときは、感情をぎゅっと抑えつけるのでなく、時間をかけてなだめていくことが必要だ。なぜって、これはガラスを割ってごめんなさい、というレベルの話じゃないのだから」[後注14]

その場に相応しい感情の欠落、悪への運命論者的な態度、悔悛しない罪人も進んで赦してしまうこと、他者に代わって赦しを与えてしまうこと、しかもその迅速さ。アーミッシュの対応へのこうした批判はどれも、一部の学者がより一般的意味で提起する赦しへの懸念に歩調を合わせたものだ。犠牲者を癒す手段、あるいは犠牲者と加害者の関係修復への道としての赦しの美徳を巡る、こうした問題提起は、多くが近年になって出てきたものだ。その一部は後の章でまた取り上げるが、こうした異論は、赦しの美徳を称える人たちに、少なくとも特定の状況下では、赦しを与えるのに注意が必要だと訴えていることを指摘しておきたい。

たとえば法学者ジェフリー・G・マーフィは、自分は「赦しの反対勢力」ではないが、その支持者による「熱狂的宣伝」には悩まされている、と書く。[後注15] マーフィの見解では、赦しは「それに値する（たとえば悔悛した者など）相手に対し、かつ、犠牲者の自尊心および道徳的秩序への敬意が保たれるようなやり方で与えられる限りにおいては、不当な扱いを受けた者がとる対応として、しばしば理に適っている」[後注16]

『赦すその前に』という本をマーフィと共同執筆したシャロン・ラムは、マーフィのこの懸念を女性に対するドメスティック・バイオレンスに当てはめる。虐待が起こるほとんどの状況において、「悔悛の念を示さない虐待者に赦しを与えるという考えは……危険であるし、女性〈本来の〉性質を巡るステレオタイプから抜け出せなくなる恐れがある」とラムは主張する。[後注17]

ラムとマーフィのこうした訴えは、ホロコーストに対する赦しを巡る長年の論争を継承したものでもある。サイモン・ウィーゼンタールは、一九六九年に初版が出された著書『ザ・サンフラワー──赦しの可能性と限界について』で、自分がナチ強制収容所の囚人だったとき、瀕死のナチ親衛隊員から赦しを乞われたときのことを書いている。この隊員は、ユダヤ人への残虐行為に関与したことで苦悩しており、罪を赦してほしいという最後の願いを、ウィーゼンタールに聞いてもらおうと思ったのだ。

「ユダヤ人に［自分の悪行を］告白して赦しを乞いたかった」と彼は言った。「君が赦してくれなければ心安らかに死ぬことはできない」[後注18]

ウィーゼンタールは本のなかで、この出来事の興味深い詳細を伝えているが、結局、彼はこの要請に沈黙をもって答える。沈黙は正しい対応だったか、と彼は思いを巡らせる。そして読者に問いかける。あなたならどうしたか？　どう〈すべき〉だったと思うか？

このケースでは、加害者が悔悛の念を示している。あるいは、少なくともそう思われる。だからマーフィが提唱した赦しの条件の一つは満たしている。* しかし、アーミッシュの赦しを批判する人々がニッケル・マインズ事件後に投げかけた残る二つの疑問は、ここにも該当する。一つ、〈他者〉になされた罪を、第三者が赦していいのか？　二つ、赦しに値しない極悪行為は存在するか？

『ザ・サンフラワー』の後半には、これらの問いに意見を求められた著名人の回答が収録されている。

「赦してほしいと乞われれば、相手が誰であれ、何に対してであれ、私は赦します。なぜなら神が赦しておられるからです」

ローマ・カトリックの司祭で教育家のセオドア・ヘスバーグの答えだ。

「私もそうしますが、ただし、なされた残虐行為は忘れません」

ダライ・ラマである。「信心深いユダヤ人」を自称するラジオのトークショー司会者デニス・プラガーは、これとは違った意見をもつ。

「人は決して殺人を赦すことはできません。なぜなら、赦すことのできる人間がすでに、そして永遠に、存在しないからです」

ホロコーストの生き残りの米軍将校シドニー・シャチナウは、さらに厳しい審判を下す。「個人的な意見を言えば、［そのナチ親衛隊員は］地獄で朽ち果てるべきです」[後注19]

幅広い回答から、ニッケル・マインズの悲劇後のアーミッシュの恵みと関連して、二つのことが浮かび上がってくる。一つは、赦しは美徳として高く評価されるが、賛否両論もあること。抽象的な世界では赦すことは美徳だが、現実の諸要因―誰に対し、何に対し、誰によって、どんな状況のもとで、赦すのか―を付加したときには、話はそう簡単ではない、と考える人もいる。第二に、赦しの定義には個人差があるということ。実際、赦しを語ることが難しい理由の一つに、その含意が一定しないことがある。怒りを〈捨てた〉状態を言うのだろうか？　怒りを忘れようと〈努める〉だけでよいのだろうか？　犠牲者は、肯定的〈感情〉をもつだけでは不十分で、肯定的〈行為〉をしなければならないのか？

＊第一〇章で指摘するように、赦しの研究者のなかには、赦しは無条件に与えられるべきで、加害者の悔悛の念には左右されないと考える人々もいる。彼らの見解では、赦しは完全に被害者の選択だ。このように赦しを捉えた場合は、赦しと和解の間には明瞭な一線が引かれる。和解は、犠牲者と加害者、双方からの誠実な努力を必要とするものだからである。

赦された加害者は、犯した罪の責任をそれ以上問われないのか？　これらの問題のいくつかは、本書第三部でニッケル・マインズの赦しをさらに掘り下げるなかで、改めて取り上げることにしたい。

ところで、事件を受けて沸き起こった疑問のなかには、アーミッシュを真っ向から批判する声もあった。部外者の一部は、アーミッシュのコミュニティ特有の慣習であるシャニング（忌避）を取り上げ、アーミッシュの赦しには一貫性がなく、偽善的ともいえるのではないか、という問いを投げかけた。自分たちの仲間を赦そうとしないアーミッシュが、赦しの手本を示せるわけがない。あるオンライン新聞は、乱射事件の二、三週後に、元アーミッシュの女性の体験談を紹介し、こんなふうに評していた。

「彼女の物語は、ニッケル・マインズで見られたのとはまるで違うアーミッシュ像を描き出している」[後注20]

ある意味、この評は正しい。アーミッシュが道を外れたメンバーにとる対応は、イングリッシュの犯罪者にとる対応とは異なっている。しかし、これをもって偽善ということはできるだろうか？　この問題は、本書の第九章と第一一章で、アーミッシュのコミュニティ内部の赦しとシャニングの問題を取り上げるときに、改めて詳しくふれよう。

アーミッシュの赦しの利用

一部で警告のランプが点滅したのを除けば、ニッケル・マインズの恵みへの反応は圧倒的に肯定的で、自分の奉じる信念の得点を稼ごうと、ここぞとばかりにアーミッシュを支持する評者も多く見られた。乱射事件とそれに対するアーミッシュの反応が、国内外の問題を巡る論争の素材にされるのは早かった。

米国の他の学校で起きた乱射事件でもそうだったが、まずもちあがった論争は、銃規制と米国の暴力文化を巡るものだ。

「罪悪感に呵まれ、自殺願望があり、アーミッシュの女生徒を一〇人も撃つような成人が……セミオートマチック拳銃に散弾銃、銃弾六〇〇発、高電圧スタンガンを簡単に所持できるのはおかしくないか？」と問いかけたのは、『スクリップス・ニュース』の社説[後注21]だ。

これに対し、銃規制反対派は事件をまったく別の視点から見た。「この乱射事件……そして、過去一〇年間に起きた学校乱射事件すべてに共通する点が一つある」と指摘したのは、「銃を所持・携帯する権利のための市民委員会」委員長のアラン・M・ゴットリーブ。「これらはいずれも、いわゆる『銃砲所持禁止学校区域』で起きており、生徒も成人職員も基本的に無防備」、つまり、「銃で自衛することができなかったケースである[後注22]」銃規制を巡る論議では、推進派も反対派もともに、事件後の赦しより、乱射事件そのものに注目した。これに対し、報復行為を許容しない思想をもつ人々にとって、赦しの理念はイデオロギーの補強ツールになった。彼らの最大のターゲットは、ブッシュ政権および彼らが主導するテロとの戦いである。

チャールズ・ロバーツに恵みをもって応えたアーミッシュは、ブッシュ大統領が九・一一後にとるべきだった対応の「青写真」を示した。「論理の枢軸（Axis of Logic）」というウェブサイトで、ダグ・ソーダストロームは、ブッシュ大統領が「主イエス・キリストの弟子」でありさえしたら、「世界は、全愛なる神の名のもとに殺戮衝動を暴走させ狂気に至った〈信徒の国〉の果てなき茶番を免れたのではないか」と論じた[後注23]。

ダイアナ・バトラー・バスは、「フェイスフル・アメリカ」というブログで、同様の感情を露にした。

「もし、アーミッシュがテロとの戦いをまかせられていたら、どうだったろう？　もし、二〇〇一年九月一二日の夜、我々がオサマ・ビン・ラディンの家へ行き（もちろん比喩。なぜなら彼の居場所はわからないから）、赦しを与えていたら？　もし、我々が、九・一一の犠牲者の葬儀にハイジャック犯を招待していたら？[後注24]」

今さら手遅れだと承知の上で、バトラー・バスは、最後に、彼女の言う隠当な提案をする。アーミッシュに国土安全保障省の長官に就任してもらおうと言うのだ。そしてこう言う。「なんといっても、進んで赦しを与えるほうが」恒久的な恐怖のなかで生き続けるよりずっといい。

国の安全保障をアーミッシュにお願いしようとまでは言わないが、ワシントンの政治家よりはニッケル・マインズのアーミッシュのほうが危機管理に秀でている、と考えた評者は他にもまだいた。「自分の言葉に忠実な人間は尊敬を受けるものだ」と、ジョージ・ディアズは『オーランド・センティネル』に書く。アーミッシュが「信念に忠実」であるのに対し、共和党の議会指導部たるや「自分の尻を守ることしか眼中にない」[後注25]

彼はこれに続けて、下院議長デニス・ハスタートらが、共和党主導の下院スキャンダルを処理したやり方を酷評する。この記事は、二〇〇六年の中間選挙のわずか数週間前に書かれたものだが、ディアズはアーミッシュの男性がCNNのインタビューで語った「赦せば癒される」という言葉を引用し、この素朴な見解に敬意を払っておいてから、こうつけ加えた。政府中枢の悪ふざけについて「[ワシントンの]誰かが説明責任を果たすべきだった。それなくして、本当の意味の赦しも癒しも起こりえない」

アーミッシュに触発された非難の矛先は、宗教右派、さらには宗教左派にまでも向けられた。

「いわゆる宗教右派は、自分たちの信仰と政治へのアプローチのどこが間違っているか、アーミッシュの生活様式をよく見て学ぶべきだ」

『デモクラティック・トーク・ラジオ』のスティーブン・クロケットは、こう批判した。ジェイムズ・ドブソンやその同類と違って、アーミッシュは「自分たちの価値観を法律や武力をもって他人に押し付けたりしない」し、「彼らの間では、憎悪にはなんの力も正当性もない」[後注26]

『世界正統派聖公会の声』では、デーヴィッド・ヴァーチューーが、ニッケル・マインズ事件の顚末から、また違った教訓を引きだしている。彼は、アーミッシュの女生徒の勇気と、赦しを与えた人々の勇気を回想し、この人たちの反応は「生で裸の信仰」からきたもので、それは、米国聖公会の位階制によって洗練された「感傷的でリベラルな教義」とは別物だと指摘する。ついで、リベラルな聖職者として知られるジョン・シェルビー・スポングの名を挙げ、こう問いかける。皆さんは、アーミッシュの少女らが信仰のために立ち上がったように、スポングが自身の掲げる神学的理念を「死守する」と思いますか?[後注27]

アーミッシュの女生徒らが信仰を〈死守した〉というのは、恐らく言い過ぎだろうが、コミュニティのメンバーによるロバーツとその家族への対応は、明らかに彼らの信仰に由来するものだった。だから、徹底的で幅広い議論が、政治的問題よりキリスト教徒の生活に集中して繰り広げられたのは、自然な成り行きであった。たしかに、数々の政治的問題、とりわけ銃規制、校内暴力、テロとの戦い、死刑、刑法改革、女性に対する暴力なども、今回、議論のテーマに上っている。しかし、ひときわ大きな注目を集めたのは、真のクリスチャンの生活とはどういうものか？　アーミッシュは他のクリスチャンの目指すべき目標を示しているのか？　という問題だった。

少なくとも一部の評者にとって、二番目の問いへの答えはイエスである。シスター・ジョアン・チティスターは『ナショナル・カトリック・レポーター』にこう書いている。「私たちは皆、キリスト教の信仰を告白していますが、［アーミッシュの］あの行為は私たちを驚嘆させました」

ニッケル・マインズ・アーミッシュは、初期のキリスト教徒がローマ帝国を驚愕させたように、二一世紀の世界を驚かせた。それも、ただたんに「キリスト教徒」であることによって――チティスターはこう結んでいる。後注28

この指摘は、神学的には的を射ているのかもしれない。過去、幾世紀にもわたり、キリスト教神学者は、イエスが手本を示し、弟子にその実践を命じた赦しこそが、キリスト教信仰の核心だと説いてきたのだから。そうはいっても、アーミッシュは、クリスチャンを自称する大方の人とはまるで違う存在であるし、常にそうであったことも見落とせない点である。社会学的には、彼らはたんなるクリスチャンではなく、〈アーミッシュ〉・クリスチャンだ。アーミッシュ・クリスチャンとしての彼らは、他のクリスチャンと基本的な信念セットを共有してはいるが、彼らの信仰の背景には、彼ら特有の歴史、文化、神学がある。我々がニッケル・マインズでアーミッシュが示した恵みを真に理解したいならば、彼らの歴史、信仰、そして文化を探訪せねばならない。

第二部

PART 2

第六章　赦しの慣習

彼らを赦し、起きたことは忘れたいのです。誰だって間違いを犯します——強盗被害に遭ったアーミッシュ

ニッケル・マインズの赦しは、一過性のもの、特殊な犯罪状況のもとで自然発生した希有な出来事なのだろうか？　殺人犯、チャールズ・ロバーツ四世は精神的に深く混乱していた。ロバーツの犯罪は計画的ではあったが、事件後、アーミッシュが同情したのは、ロバーツが心を病んでおり、恐怖や怒りと同時に、哀れも誘う人間だったことを彼らも承知していたからかもしれない。しかも、ロバーツはすでに死んだ人間だ。だからもう、裁判で証言したり、刑事告発したり、刑務所を訪問したり、復讐願望を抑えつけたりする必要はない。

ではもし、殺人犯がまだ生きていて、しかも開き直った態度で悔悛の念を示さなかったら？　アーミッシュはそんな人間でも赦しただろうか？　彼が裁判にかけられたら？　アーミッシュは裁きと罰への関心を捨てられたろうか？　もし、マスコミがニッケル・マイ

ンズの悲劇を報道しなかったら？　アーミッシュの赦しが自己宣伝だったということはないのか？

これらの疑問は結局、二〇〇六年一〇月に世界を驚かせた赦しはどれだけ一般性をもつのか、という一点に収斂する。この疑問の回答になりそうなエピソードを我々は多少把握していたが、今回さらに詳しく調査してみた。アーミッシュにインタビューし、アーミッシュが書いた本や回顧録を読み、古文書や過去の新聞記事にもあたった。その結果、アーミッシュの赦しを考える上で幅広い文脈を提示してくれる数々の資料、ニッケル・マインズの恵みに一般性があるかどうかを評価する助けになる出来事を集めることができた。

アナバプテストの習慣

我々の行動にはたいてい理由がある。我々は皆、特定の状況下で何をするかを決定づける行動パターンや心理的傾向を備えている。集団行動を問題にする場合、こうしたパターンは〈文化〉と呼ばれる。文化を理解する一つの方法は、音楽のレパートリーになぞらえることだ。レパートリーとは、演奏家が練習を積んで熟練した楽曲のセットをいう。これは演奏家の経歴と訓練を反映し、新曲を覚える余裕がない状況で役立つものだ。演奏家が突然、「何か演奏してほしい」と頼まれたり、合唱団に、急に翌週のコンサートの仕事が舞い込んできたとき、彼らは自分のレパートリー、つまり、ほとんど本能的に演奏できる演目に頼ることになる。これは、彼らが新曲を覚えられないということではない。実際、彼らはたくさん新曲を覚える。それでも、彼らが演奏できる曲目の中核はレパートリーで、新曲はそこに追加されていく。

〈文化〉とは、ある集団の信念と行動のレパートリーを指す言葉だ。このなかには、深く根を下ろし頻繁に実行されるため、大方の人は意識しないことの多い想定とか、ふるまいも含まれる。文化は集団の歴史と彼らが受けてきた教育を反映し、とくに瞬時の反応が求められるストレス下で表出しやすい。この場合、とりうる行為すべてを点検する時間や情緒的ゆとりがない。曲目のレパートリーのように、文化も時とともに変化するが、既存のパターンを拡大するような変わり方をする。

アーミッシュも、決してひとところにとどまってはいない。しかし、彼らの文化の基礎は、何百年も昔、一六世紀ヨーロッパの激動のさなかで発動した価値観や習慣だ。権力を振りかざす中世の教会の腐敗を、マルティン・ルターやジャン・カルヴァンが糾弾した宗教改革の時代、教会改革以上のものを求める、小さいが勇ましい集団が現れた。彼ら急進派は、教会とは、イエスの教えに献身的に従う人々の自然発生的な集まりであるべきだ、という新たな考えを主張し、成人洗礼をその象徴とした。しかし、彼らはすでに教会で幼児洗礼を受けていたから、教会や官憲から見れば、成人洗礼は〈二度目の〉洗礼だった。そのため、この急進派は〈アナパプテスト〉、すなわち「再洗礼派」として指弾され、異端として排斥されるようになる。

カトリックもプロテスタントの主流派も、国家による教会の承認を求めたが、アナバプテストはこうした考えにも挑戦する。彼らは素朴で、ときに字義どおりの聖書解釈に基づいて、イエスが命じたとおりの生き方を追求しようとした。そのため自衛、誓約、兵役も拒否した。クリスチャンとしての生活に相互責任を負うため、悔悛しない者を懲らしめ、悔い改めさせるための一種のショック療法として、ときにメンバーを追放（破門）した。しかしアナバプテストは、宗教的信念を守るために暴力に訴えたり、官憲の力に頼ることはしなかった。彼らは、神に忠実な教会は、国家の保護や制裁には一切頼ってはならないと考えていた。彼らにとって、どんな形であれ国家と結びつくことは、神への献身という教会の至上の役割を妥協させることでしかなかったからだ。

アナバプテストのこうした思想は、ただちに、カトリックとプロテスタント、双方の指導者から、自らの権威を傷つけるものと受け止められた。宗教的恐怖を利用して人民を統制していた官憲の怒りも買うことになった。あらゆる方面から糾弾されたアナバプテストは、やがてその信念ゆえに投獄され、処刑されることもあった。アナバプテストの運動は決して大規模ではなかったのに、一六世紀を通じて殉教した西ヨーロッパのキリスト教徒全体の四〇から五〇パーセントを占めている。後注1

とはいえ、どの宗派も、メンバーが殉教した割合はそんなに高かったわけではなく、アナバプテストも、ほとんどは処刑される心配はなかった。それでも、殉教者の悲惨な死は、彼らの文化的レパートリーが整う前から、重要な歴史のひとこまとして伝えられてきた。

アナバプテストの後継者の多くは、一五四〇年代になると、高名なオランダ人指導者メノ・シモンズにちなみ、〈メノナイト〉と呼ばれるようになる。さらに一六九三年、内部の意見対立から、アーミッシュが分派する。熱烈なアナバプテストであったヤーコプ・アマンは、スイスと東フランスのアナバプテストが、社会的な受容を求めすぎるのを憂えた。一部のアナバプテストは、宗教的な寛容さを新鮮な空気のように喜んでいたが、アマンは、世俗の承認は危険な誘惑であると考えた。アマンの指導のもと、彼らの目には腐敗していると映った周囲の社会から離脱するため、アーミッシュ教会が結成された。

それから一世代を経ずに、メノナイトとアーミッシュはともに北米大陸に渡り始めた。多くの場合、両派は同じ地域に入植し、別々の伝統を打ち立てながらも、同じアナバプテストとして認めあった。若干の例外を除き、メノナイトは同胞のアーミッシュより進んで社会に溶け込んだ。そして二一世紀を迎える頃には、メノナイトの多くは、アナバプティズムを高等教育、職業探求、都市や都市近郊の生活と調和させる道を志向するようになった。一方のアーミッシュは、農村地域にとどまり、彼らが「オールド・オーダー」と呼ぶ生活様式により伝統的習慣を守ることで、彼ら流のアナバプティズムを体現する道を選んだ。

オールド・オーダー・アーミッシュが暴力や犯罪、理不尽な苦難に遭ったときに、どう対応するかを決めているのは、その文化を下支えするアナバプテストとしての習慣である。赦しが伴う場面に限らず、ストレス、苦痛、悲しみに直面したときには、彼らの価値観のレパートリーに即した行動がとられる。それはたとえば、理不尽な目に遭っても、その説明を神に求めず、悲劇を神の手にゆだねることである。敵を愛し、我が身を守ることを拒んだイエスに倣うことである。外の世界の警察や司法の権威には敬意を払い、感謝もするとアーミッシュはいうが、「現世」の制度である警察や司法は、復讐にこれらを利用することのないアーミッシュにとって根本的に外部のものである。

こうしたアナバプテストの習慣については、ここでふれなかった部分も含め、第七章から第九章でさらに深く見ていきたい。この三つの章では、アーミッシュの赦しのルーツ、その精神、そしてその実践が検討される。本章ではさしあたって、犯罪に直面したアーミッシュが習慣的にとる行動を、実際に起きた事件に即して紹介していきたい。これらもまた、ニッケル・マインズ事件への対応の背後にある、幅広い信仰のレパートリーに由来するものである。どの事例も、苦痛に満ちたものでありながら、恵みがあふれている。アーミッシュが乱射事件でとった対応は驚くべきものであったが、彼らの間では、例外的でもなければ、珍しくもなかったことがおわかりいただけるだろう。

最初の反応としての赦し

一九九二年、ランカスター郡北部で五歳の息子を交通事故で失ったアーミッシュの母親は、加害者を即座に赦した。少年はスクーター（訳注：ハンドル付きの二輪の乗り物。足で蹴って進む）で自宅と納屋の間の道路を横断中だった。ひどい重症を負った彼は、結局、その日のうちに息を引き取っている。しかし、捜査官が車の運転手をパトカーに乗せ、アルコールテストを受けさせているそのとき、スカートのすそを握りしめた幼い娘を連れた母親が近づいてきて、警官に言った。

「この男の子のことをよろしくお願いします」

重症の息子のことだと思った警官は、こう答えた。

「救急隊員と医者が最善をつくします。その後は神様しだいでしょう」

すると母親は、後部座席の容疑者を指さし「運転手のことです。私たちは彼を赦します」と言った。

このケースでは、赦しは迅速に、事故現場で、運転手がアルコールテストを終えるより早く、犠牲者が死亡する以前に与えられた。その三年後、この母親は『おやすみ、私の息子』という題の小さな本で、運転手への赦しを改めて表明している。後注2

息子を失った嘆きは両親の心を引き裂き、加害者を赦したからといってその痛みが消えることはなかった。息子の死を煩悶なしに受け入れられたわけではない。それでも、何年か経って事故を回想した母親が、事故現場で与えた赦しを撤回することはなかった。

悲劇的事故に遭ったアーミッシュの家族が、ただちに赦しを与えた事例がもう一つある。赦された加害者の記録から紹介しよう。後注3 一九九一年一〇月下旬のある日、アーロン・ストルツファスと妻のサラは、幸せな一日を過ごしていた。その前の火曜日にサラの家で結婚式を挙げたばかりのカップルは、ハネムーン中だったのだ。イングリッシュのカップルなら、カリブ諸島あたりへ行くのかもしれないが、ストルツファス夫妻は、伝統的なアーミッシュの慣習に則り、数週間かけて親戚を訪ねる旅を始めたところだ。その間は仕事を休み、お祝いの品をもらい、互いの新しい親族と親しくなるのだ。その日は、結婚式から五日目にあたる日曜の午後で、最初のハネムーンの訪問から家に帰る途中だった。

同じ日、一七歳のジョエル・カイムは、教会から帰宅すると、ランチをちょっとほおばり、すぐに兄弟と二人の友人と一緒にサッカーの試合に出かけた。自家用車の古いＡＭＣコンコルド・ステーションワゴンに乗ると、そのパワーを見せびらかしたくなり、狭い田舎道を時速一一二キロメートルで飛ばしていった。丘のてっぺんにさしかかったとき、キムは、一〇〇ヤード前方を行く一台の馬車に気づく。しかし、まるで意に介さず、「一気に追い抜いてやるぞ」と思った。ところがその高揚感は、馬が左の追い越し車線に入ってきた瞬間、恐怖に変わった。スピードを出していたカイムは、方向指示器の合図を見逃したのだ。新妻のサラはその日の夜、病院で死亡した。

この悲劇をさまざまなやり方で前向きに転換できたのは、アーミッシュの赦しのおかげだった、とカイムは回想する。事故翌日の月曜の晩、カイムの両親は、息子を連れてストルツファス家を訪問した。それまでアーミッシュの家に行ったことがなかったカイムは内心脅えていた。ところが驚いたことに、アーロンの祖母は彼を抱擁し、赦しを与えた。アーロンの父親も同じようにしてくれた。サラの両親、メルビンとバーバラも同じく彼を両腕で抱き、「あなたを赦しますよ。あの子が死んだのは神の思し召しです」と言った。そのときのことをカイムはこう語っている。

「信じられない。何もかもびっくり……夕食を一緒にどうぞといって僕の家族を食事に招待してくれて……どんなに救われたか、とても言い尽くせない」

カイムはその農家の離れで、打ちひしがれ、木棺に横たわる花嫁をじっと見つめるアーロンにも面会した。「彼も両親と同じように、腕を広げて近づいてきた。どうすれば償いができるでしょう、と聞くと、彼はただ僕を赦すと言った。僕たちは抱きあった。赦されたことで解放感が体中に広がっていった」

それから少し経って、カイムと家族はサラの家で彼女の両親とアーロン、彼の家族数人と食事をした。「彼らはただの一度も、僕に気まずい思いをさせなかった……僕は、この郡のあちこちのアーミッシュから五〇通以上のカードをもらい、今ももっている。どれも、僕を励まし、神に目を向けさせようとするものだった」

彼の裁判では、アーミッシュの恵みが再び示された。「大勢のアーミッシュが裁判官に、どうか無罪にして下さいと、僕の赦免を求める手紙を書いてくれた」

カイムを無罪にするのは法律上不可能だったが、未成年だったカイムは刑務所には入らずにすんだ。

カイムとストルツファス家の付き合いはその後も続いている。彼らはほぼ毎年、互いの家を訪問しあっている。「アーロンやストルツファス家の人たちとの付き合いは、いつしか本物の、普通の付き合いになっていた。僕を赦してくれた彼らはそれを決して撤回しなかった。事故から五年経ったとき、僕は自分の結婚式に彼らを招待し、彼らはお祝いの品をもって結婚式とパーティに出席してくれた」

後に、カイム夫妻は海外で宣教師の仕事に就いたのだが、そのときストルツファス家は経済的支援までしてくれた。「彼らが教えてくれた赦しは、その場限りのものではなかったのである」とカイムは結んでいる。

マスコミの注目下での赦し

つぎの事例は、悲劇的事件とそれに続くアーミッシュの対応が一般に広く報道されたケースである。一九五七年八月一九日、オハイオ州マウント・ホープのアーミッシュ居住区で、二五歳のアーミッシュ農夫、ポール・コブレンツが殺される事件が起き、全国のマスコミが注目した。この日、午後一〇時半頃、非アーミッシュの若い男が二人、ポール・コブレンツと妻ドーラの住む田舎の家に、金銭目当ての強盗に入った。彼らは若夫婦から九ドルを奪い、一七カ月の娘をかばおうとしたドーラに暴行を働いた。二人組の一人クリオ・ピータースは、ポールを至近距離から二度撃っている。その後、強盗犯は、まず盗んだトラックで、ついで別の盗難車で逃亡をはかった。しかし、全国手配された二人は、イリノイ州で追い詰められ、郡警察の一人を撃った後、投降した。

この殺人事件の裁判が開かれたときは、オハイオの農村に記者やカメラマンが殺到。事件は犯罪雑誌の特集記事にもなった。[後注4]

一九五七年当時は、アーミッシュ観光もまだ揺籃期で、ほとんどのアメリカ人はアーミッシュの存在すら知らず、まして彼らの文化や信念については何の知識もなかった。そのため、ホームズ郡に派遣された記者たちは、ニュースを伝えるのに苦労した。とりわけ報道陣を困惑させたのは、アーミッシュが「逃亡した犯人への憎しみをまったく示さず」、しかも「殺された男の家族の誰も、犯人に復讐したいという気持ちをもっていない」ことだった。[後注5]

裁判の前から裁判中にかけ、報道陣は、彼らと気軽に話をしたコブレンツの父親モーズに取材を集中させた。モーズは、「皆がいなくなって、たった一人で死んだ息子のことを思うのは辛いよ」と嘆いた。同じ目に遭わされた親なら誰でも抱く悲しみを彼も訴えていたのだろう。[後注6] しかし、そのモーズが、息子を殺した張本人クリオ・ピータースを刑務所に訪問したため、部外者は驚いた。モーズはその後、ピータースに会うのはとても辛かったが、なんとか「神があなたをお赦しになりますように」と言えた、と話している。

しかし、司法制度はそこまで寛大ではなく、迅速な審理の結果、出されたのは死刑の判決だった。すると、オハイオ州内外のアーミッシュから、ピータースへの寛大な処置を求める手紙が知事のもとに殺到した。当時の『ザ・バジェット』というアーミッシュの通信新聞で、オンタリオ州在住のあるアーミッシュが、読者をこう説得している。

「助命嘆願をしなければ、我々はアーミッシュとして非難を免れない[後注7]」

アーミッシュも、犯罪には報いが伴うべきだとは考えている。彼らは、州が裁きを与えるのを妨げたのではなく、未亡人ドーラ・コブレンツは、裁判で証言もしている。しかし彼らは、自分たちのために死刑を執行してほしくなかった。モーズ・コブレンツや、コブレンツ家と親しいアーミッシュは、ピータースを哀れんでいた。彼は空軍の任務についている間に飲酒や非行の癖がついたといわれていた。ピータースの両親が裁判のためにオハイオ州に来たときは、いくつかのアーミッシュの家族が、夫妻を食事に招いている。夫妻もまた、息子のした行為の犠牲者だ、と彼らは考えたのだ。

それから二〇年後、やはりマスコミの注目を集め、『ローリング・ストーン』の特集記事にまでなった事件がある。この事件の加害者は、アーミッシュの被害者と顔なじみだった。一九七九年、夏の終わりのある暑い夜、インディアナ州バーンの非アーミッシュのティーンエイジャー四人が、近くのアーミッシュに──よくやっていたように──嫌がらせをしていた。ピックアップの荷台から、アーミッシュの家の窓や、すれ違う馬車めがけ、石やタイルを投げるのだ。その夜、彼らが投げた物は、レヴィ・シュワルツと妻レベッカ、七人の子供が乗る馬車を直撃した。タイルが一つ、レベッカの腕に当たり跳ね返った。彼女は膝に乗せていた生後七カ月のアデリーンを、しっかり胸に抱いた。

外はもう真っ暗だ。嫌がらせにたまりかねた一家は、家路を急ぐ。それ以上、怪我することもなく、つましい農場にたどり着くと、レベッカはアデリーンを上の娘に渡し、他の子を馬車から降ろして家に入れた。ランタンの明かりのなかでコートを脱いだとき、一家はアデリーンが死んでいるのに気づく。後の検視で、アデリーンは、馬車に投げられたタイルを後頭部に受け、声をあげるまもなく即死したとわかった。

それから一時間と経たないうちに、警察が一八歳から一九歳の四人の襲撃犯を逮捕した。アデリーンの母方の祖母は、翌週の『ザ・バジェット』にこう書き送っている。

「少年たちはまもなく捕まりました。何人かは近所の子です[後注8]」

彼らはいずれも犯罪歴がなく、あの夜なぜ、あんなことをしたかわかりかねた。孫の死にいたたまれない思いの祖母は、彼らの行為を「愚か」と表現するしかなかった。

事件は全国に報道され、シュワルツ家に同情し、犯人への厳罰を求める手紙が何百通と寄せられた。しかしシュワルツ家の反応は趣が違った。報復は少しも考えず、事件のことを他人と話すときも、それにつながる話題は避けた。レヴィ・シュワルツは一人の記者にこう語っている。

「あの少年たちに会ったら優しく声をかけますよ。怒りをぶつけることは絶対しないし、彼らにも、そうしてほしくない。ときどき、怒りが湧きそうになることはあります。でも、その感情を人にぶつけたくはない。それは間違った生き方です」[後注9]

翌夏の裁判で、犯人たちは重い罰金を課されたが、懲役は執行猶予が付き、保護観察ですんだ。これは、アーミッシュが裁判官に寛大な処置を求めたせいもある。シュワルツ夫妻の署名入りで、彼らの監督を通じて提出された文書には、「四人の少年は罪を犯したことで苦しんでいます。大変に苦しんでいます。彼らはしたこと以上の報いをすでに受けているのです。被告を刑務所に入れても何もよいことはないと思われますので、どうか彼らに寛大な処置をおとり下さいますようお願いします」と書かれていた。[後注10]

復讐ではなく、報い

アーミッシュは、悪事にはその報い、しばしば州や国が定める罰が伴うことを承知している。しかし彼らは、現世の裁判を復讐に利用するようなことは固く戒める。とくに裁判で証言したり捜査に協力することになった場合には、赦しを公に表明することは、被害者である自分たちを報復的な司法手続きから切り離す意味をもつ。ウィスコンシン州モンロー郡で、二四歳のマイケル・J・ヴィースが、地元のアーミッシュを襲った事件がそうだった。この事件については、後に、犯人は「深刻な心の病」を抱えているという医師の所見が出されたが、ヴィース本人の説明では、以前、アーミッシュの馬車のせいで自分の車が道路から飛び出したことを恨みに思い、以来、「仕返し」の方法を探っていたという。

アーミッシュ学校へ行って、鬱憤を晴らしてやる。一九九五年一一月のある日の正午頃、地元の酒場でビールを飲んでいたヴィースは、そう思いつく。そして、自分の車の窓からライフルで狙いを定め、学校から出て来たばかりの馬車を撃った。何発か弾を受け、後ろ脚で立ち上がった馬が盾になってくれたおかげで、乗っていた少年は無傷ですんでいる。ヴィースは現場からいったん逃げたが、放課後、また戻ってきた。そして、学校で八年の教育を終え、助手をしていた一五歳の少女を銃で脅かし、連れ去った。人里離れた場所で、彼は少女を強姦した。

少女は、暴漢の特徴を警察に伝え捜査に協力。警察は三日間の捜索で容疑をヴィースに絞り込む。そして、彼が母親と暮らす家のなかで犯罪の証拠を押えた。

これはモンロー郡で初めて起きた武装誘拐事件だったが、他の点でも前例がなかった。

性的暴行を受けた被害者の家族は、「普通は犯人への怒りで逆上するものだが、この事件ではそうではなかった」と地方検事は述懐する。[後注11]

その代わり、地方検事が見たのは赦しの表明だった。アーミッシュのある監督は「私たちはあの若者を赦します……別の生き方をしてほしいのです」と検事に言った。別のアーミッシュの男性は「動機がわかっても仕方ない。神がお許しになることの本当の理由は、私たちにはわかりません」と言った。さらにもう一人は、「私たちは裁く立場にない。それは偉大な神がなさること」と言った。

検事は六〇年の禁固を求刑する。検事は、アーミッシュが進んで犯人を赦したことに感銘は受けたが、それは甘い考えであると思うし、少なくとも司法の担い手である自分の役目とは関わりのないことだ、と述べている。彼は言う。

「悲惨な状況でも、神様は皆の面倒をみてくれるはずだとか、現に存在する悪も、祈れば浄化できるはずだと思うのは、間違っている」

強姦された少女の父親は、この悲劇を振り返り、「私たちの信仰が試されましたが、少しも揺るぎませんでした」と語っている。しかし、その彼も、娘の身に起きたことを思うと、やはり、やりきれない気持ちになるのだった。

「大変でも、これを乗り越えないといけません」

ほぼ同じ頃、そこからあまり遠くない場所でも、アーミッシュが弁護士や裁判官を面食らわせていた。一九九六年春、ウィスコンシン州モンドヴィ近郊のアーミッシュの大工マーロン・ランブライトが、保険金の受け取りを拒否したためだ。彼の妻は、馬車に乗っているところを、トラックに衝突されて死亡した。しかし、相手のイングリッシュの男性が契約する保険会社からの賠償金二一万二四一八ドルを、彼は受け取れないと言ったのだ。しかも、後にマスコミが報じたところによれば、ランブラントは裁判官に対し、彼の家族が必要な経済支援を教会から受けていることを理由に、不法死亡の損害賠償請求の棄却を求めたのである。この事件について、マスコミの取材を受けた別のアーミッシュの男性は、ランブライトが賠償金を拒否した理由は、実はもう一つある、と説明した。

「つまり、彼は報復したくないんです。そうでなければお金は受け取っていたでしょう。復讐するのは我々ではない、と聖書にあるのです[後注12]」

この二つは、アーミッシュが被害者として司法の場に登場してはいるが、裁判所の決定からは距離を置き、赦しを実践した例である。

赦し、恐怖、同情

暴力事件の直後、加害者を赦すことには何の葛藤も伴わないわけではない。ここまで紹介した事例は、そのことを示している。一部の事件報道は、長く後を引く恐怖や怒りのなかで、赦しを実践する苦悩も伝えている。一九八二年のナオミ・フヤード殺人事件は、ランカスター郡のアーミッシュが初めて犯罪の犠牲になった事件だ。一一月二七日の夜、五〇歳のナオミ・フヤードは、チャールズ・マンソン（訳注：猟奇殺人カルトの首領）を真似た若い男性二人組から性的暴行を受けた末、惨殺された。犯人の一人は、被害者の隣人である。

ランカスター郡のアーミッシュがよくそうしていたように、フヤード家は、非アーミッシュの隣人宅の大型冷凍庫の一部を借りていた。ナオミは、冷凍食品をとりに行ったところを、その家のティーンエイジャーの息子と共犯者に襲われた。隣家で起きたこの猟奇殺人は、フヤード家の他の女性たちを震え上がらせた。何カ月もろくに眠れなかったり、一人で出歩けなくなった者もいた。このときの恐慌状態を、彼らの親戚の一人はこう述懐する。

「事件直後は大混乱で、それが収まると今度は気が抜けてしまい、一部が思ったように、［殺人犯を］赦すどころではありませんでした……今も頭が混乱しています」

さらにこう続ける。

「襲われたのがアーミッシュだから、赦すばかりで、［殺人犯を］捕まえることには関心がないと思った人も大勢います」

しかしそれは「誤解」で、彼女によれば「私たちは大いに関心がありましたし、もちろん、［犯人を］捕まえて司法にゆだねたいと思っていました」

殺人の性質や、長期におよぶ裁判で、フヤードの最後の数分がどんなものだったかが少しずつ明らかになるにつれ、家族の煩悶は一層深まっていく。ナオミの姪の一人が、犯人を赦すことがどれほど苦悩を伴うことだったか、事件の二年後に率直に語っている。それによると、被害者一家は、隣家の人と何を話すべきか思い悩んだという。事件直後から、彼らは顔を合わせ、一緒に泣いた。彼らは隣家の家族に「あなたたちが悪いのではないのだから、責めたりしませんよ」と伝えたという。しかしその後、犯人の両親が、証拠が山ほど揃い、裁判でも結局、有罪判決が出たのに息子の潔白を主張したため、フヤード家の人たちは、怒りと狼狽から夫妻と絶交同然になってしまう。

ナオミの姪によると、二人の殺人犯のうち、とくに赦し難かったのは隣家の男だ。なぜなら「彼はナオミを知っていたのですから」と彼女は言う。「それでも、クリスチャンである以上、赦さなければならない。そう、たとえそれが極悪犯でも。私は、イエスが自分を十字架にかけた者のために祈った、『父よ、彼らをお赦し下さい。自分が何をしているのか知らないのです』という言葉を思いました」[後注13]

しかし、事件の一〇年後に出版された彼女の著作からも、揺れる気持ちがありありと伺える。彼女は著作の最後に、「すべてのクリスチャンが彼ら［有罪が確定した殺人犯］のために祈りを捧げる」よう呼びかけている。しかしその一方で、おばへの残忍な性的暴行にひどいショックを受けていたため、犯人への怒りを放棄するのは本当に難しかった、ということも打ち明けている。彼女は、犯人は二人とも「病んでいる」と信じていたが、同情を引こうとしたり、アリバイを捏造したりする悪巧みにはとてもついていけなかった。

この逆に、犯人が見知らぬ人間だったので赦しやすく、問題は起こしても同じ人間として同情されたケースもある。二〇〇〇年一月、ミズーリ州シーモアで起きた当て逃げ事件へのアーミッシュの反応では、少なくともその点が一つのポイントだったと思われる。その日、田舎道を走っていたアーミッシュの馬車が、木材運搬トラックに衝突されて、一三人の子供の母親リア・グレイバーが死亡した。その数日後、彼女の家族は運転手に面と向かって赦しを与えた。そして、友情や田舎道の安全性をどう高めるかということについて話しあった。

「私たちは、裁判沙汰は好みません」とアーミッシュの代理人は言う。「そんなことより、まずは一緒に席について友達になり、再び同じことが起こらないようにするほうがいい」[後注14]

彼はこうも指摘している。「[告発は]私たちの流儀に合わないし、あれはただの事故だと思っています……リアが死んだのも神様の思し召しでしょう」

同様の感情が、一九九六年夏、インディアナ州ナパニーで起きた一連の強盗事件でも働いた[後注15]。犯人たちは、車で走行しながら、自転車に乗った一二人以上のアーミッシュを襲い、彼らを自転車から突き落として金品を強奪した。当初、被害者たちは事件を警察に届けなかった。二八〇ドルを強奪されたジョー・ミラーはこう言う。

「彼らを赦し、起きたことは忘れたいのです。誰だって間違いを犯します。赦せば、自分も赦されます」

その後も、自動車強盗が続いていると知り、ついに一人の被害者が警察に通報。警察がただちに五人を逮捕したところ、全員が罪を自白した。被害を報告した一人アール・スラボーは、車の一台を運転していた二一歳の女性を訪問し、もうあなたたちを赦しているし、何の恨みもないと伝えた。新聞記事によると、女性は自分の行為を恥じ、アーミッシュの情け深さに感動し、泣き崩れたという。

さらに、アーミッシュの指導者と被害者で構成された委員会が、彼らが赦していることを裁判に反映させてほしいと検事に要望。その集落の多くのアーミッシュが、報道陣に自分たちは犯人を赦していると語った。司法取引の準備をしていた検事は、被害者が被告を赦すと知って、その条件に、彼らへの謝罪文をつけ加えた。

ジョージタウンで奏でられたレパートリー

西ニッケル・マインズ校乱射事件の八日前の九月二四日、ジョージタウンに近い別のアーミッシュ・コミュニティも、悲劇に見舞われている。[後注16] 一二歳のエマニュエル・キングは、ほぼ毎朝の日課で、近くの農家の乳搾りを手伝うため五時半頃に家を出た。スクーターで農道を一マイル走り、右折してジョージタウン通りに入ろうとしたところ、前方から来たピックアップがセンターラインを越え、彼を道路の向こうまで跳ね飛ばした。エマニュエルは柵の支柱に激突し、トラックはスピードを上げて走り去った。衝突音を聞いて様子を見に来た非アーミッシュの隣人は、衝突現場からやや離れて死んでいるエマニュエルを発見した。

翌日、事件の取材で新聞の通信員が彼の家へ行くと、家族の何人かはすっかり取り乱し、話すことができなかった。何人かは取材に応じたが、彼らの言葉は記者を驚かせるものだった。

「涙と、当然ながら悲しみに満ちていながら」と記者は書いた。「何か違うものも漂っていた」

　それは、当て逃げの容疑者で、後に罪が確定した女性への温かい思いやりだった。エマニュエルの母親は、悲嘆にくれながらも、「私たちのところへ来てほしい。お会いしたいんです」という女性へのメッセージを記者に託した。

「何の恨みもありません。今度のことを気に病まないでほしいの。エマニュエルは寿命が尽きたのです。そうなる定めだったのです」

　少年のおばの一人も、涙をいっぱいためて、言った。

「[容疑者に]心痛をお察しします。お祈り申し上げます、とお伝え下さい」

「少年の死、家族の赦し」という記事の見出しを見て、容疑者の女性も意を決した。キング家へ行き、赦してもらったのだ。アーミッシュの隣人の一人はこう言う。

「赦しますから、ここへ来て下さい、というメッセージを新聞で読み、月曜の夜にすっ飛んで来たのですよ」

　女性はその後、改めて弔問に訪れ、それから数週間のうちに「さらに三回」訪ねてくれた、とエマニュエルの父親は言う。

「エマニュエルの一三回目の誕生日に当たる日には、他の子供たちに新しいスクーターをプレゼントしてくれたんですよ」

子供を失うという悲痛な体験をしたキング家の行動は、恵みと赦し、そして、一見理不尽で、復讐心をそそりがちな出来事にも意味をもたせる神意への信頼、というレパートリーに沿うものだ。その実践が、どれをとっても、複雑で努力を要することもわかっていただけただろう。これらはすべて、アーミッシュの生活に深く根を下ろしている宗教に基づく習慣なので、部外者には理解しにくく、あたかも彼らは本能的にそういう行動をとっているように見えるのだ。

この事件の八日後、同じランカスター郡の片隅で、さらに五人のアーミッシュの子供が非業の死を遂げたときも、このレパートリーが奏でられた。しかし今度は、全世界が注目した。

第七章　赦しのルーツ

赦さなければ、私たちも赦されません――アーミッシュの大工

アーミッシュの赦しのルーツは何か。我々はコミュニティのメンバーから聞き取りを始めた。ある馬車づくりの業者にこの質問をすると、困惑の表情を浮かべられた。

「だって、これは基本的なキリスト教の赦しじゃないですか」

同じ質問を二八歳のアーミッシュの工芸家にすると、「アーミッシュの赦しは、キリスト教の赦しです」と答えてから、一瞬間を置き、声を強めて言った。

「〈違う〉んですか?」

彼は一度も疑ったことはないだろう。それは我々も同じだった。

多くの宗教で、赦しは伝統的に美徳とされている。なかでもキリスト教では高く評価されているが、これはキリスト教の神が、悪を受け入れ、罪深い人間を赦す唯一神だからにほかならない。イエスは、自分を十字架にかけた者をお赦し下さいと神に祈り（『ルカに

よる福音書』第二三章第三四節）、使徒パウロは、イエスの受難について、「神はキリストによって世を御自分と和解させ、人々の罪の責任を問うことなく……」（『コリントの信徒への手紙二』第五章第一九節）と述べている。新約聖書全編を通じ、クリスチャンはキリストの手本に倣い、自分を害する者に恵みで報いるよう奨励される。復讐は神にまかせよ、とパウロはローマの信徒に説き、こう語りかける。「悪に負けることなく、善をもって悪に勝ちなさい」（『ローマの信徒への手紙』第一二章第二一節）

キリスト教が伝統的に赦しを重んじることと、これほど多数の米国人がキリスト教徒を自認していることを考えあわせると、興味深い疑問が湧く。アーミッシュの恵みが世間の強い関心を引いたのは、彼らの赦しの理解が普通と違ったからか？　それとも、アーミッシュのコミュニティでは、とかくそうなりがちなように説教のなかだけではなく、赦しが進んで実践されていたから？　一人の非アーミッシュが、こんなことを述べている。「どの宗教も赦しを説くが、それを実践しているのはアーミッシュだけだ」

しかし本当に、理想を説くことと実践することの違いだけだろうか？　アーミッシュの赦しのルーツに、彼ら特有の観念もあるのではないだろうか？

本章では、この問いへの答えを探っていく。我々は当初、今日のアーミッシュの赦しのルーツは、彼らの先祖が何百人も殉教した宗教改革の時代にある、という仮説を立てた。

ところが、我々が赦しのルーツについて質問すると、彼らは、一六世紀の殉教者ではなく、聖書の話をした。それも新約聖書のマタイ、マルコ、ルカによる福音書を。これらの福音書には、アーミッシュが赦しの強力かつ絶対的な根拠とみなすイエスの生涯の物語やたとえがふんだんに出てくる。まもなく我々は、彼らが挙げる根拠には、他の宗派のクリスチャンが考える赦しと、重なる部分と、外れた部分の両方があることに気づいた。

アーミッシュと「弟子の道」

アーミッシュの母体であるアナバプテストは、多くの学者によれば「弟子の道（discipleship）」を重んじる宗派の一つに分類される。一六世紀初めの創設期から、アナバプテストは、クリスチャンの生活で大事なのは「イエスに従う」ことだと主張していた。[後注1] 無論、他のキリスト教の宗派もイエスの生涯と手本を重く見るが、イエスの弟子となることが信仰の本質とは考えない。たとえば、ローマ・カトリックが最も重視するのは聖体、ペンテコステ派では聖霊降臨である。しかしアナバプテストにとり、信仰の表現として最も大事なことは、イエスに従う―というより、倣う―ことなのだ。

だから、アーミッシュの教会が、福音書に記されたイエスの言葉や行いに関心を集中させるのは当然である。彼らの説教では、明らかに旧約より新約がよく引用される。もう少し詳しくいうと、旧約聖書は、説教で引用されることはあるが、礼拝で読まれるのは新約聖書のみ。その新約聖書でも、とくによく読まれるのは福音書である。ランカスター・アーミッシュが用いる聖句集*全六〇章のうち、四〇章が四つの福音書で、「マタイ伝」だけで一九章を占める。毎暦年の最初の一二週、会衆はこの聖句集に収められている「マタイ伝」第一章から一二章を読み聞かされる。アーミッシュの神学でとくに重視されるイエスの「山上の説教」(「マタイ伝」第五〜七章)は、ここに含まれる。[後注2]

アーミッシュは、福音書に集中した結果、「弟子の道」を重視するようになったのだろうか。それとも逆に、「弟子の道」に専心するゆえに福音書に強い関心を寄せるのか?これは鶏と卵の関係で、答えはない。ただ一つはっきりしているのは、一般にアナバプテスト、とりわけアーミッシュは、イエスを単なる崇拝対象でなく、模倣すべき対象として崇めているということだ。初期のアナバプテストの指導者の一人は、こう語っている。

「およそクリスチャンを自称する者は、キリストが歩んだと同じ道を歩むべきである」[後注3]

アーミッシュは、このような信仰の道が必ずしも容易ではないことは承知しているだろうが、彼らの考えでは、イエスに従うことこそ、永遠の生命に至る道。『アウスブント』というアーミッシュの賛美歌集には、一六世紀から伝わる何十曲もの歌の歌詞が収録されているのだが、そこには、こんな励ましの句もある。

「キリストに従い今生きんとする者は／現世の恥辱や争いを蔑み／日々十字架を負わねばならぬ／これのみ神の御座に至る道なれば／キリストこそ唯一の道なれば」[後注4]

「マタイ伝」を読み、赦しを実践する

イエスに従うことを重視するアーミッシュは、インタビューから、イエスの教え、なかでも『マタイによる福音書』に記された言葉に特別な注意を払っていることがわかった。一人の監督は、「マタイ伝」第五章から七章の「山上の説教」が、聖書のなかで最も重要な箇所だと言った。

「『マタイ伝』第五章、山上の説教、敵を愛すること。このすべてが赦しを語っています」

彼ら指導者が赦しのルーツとして挙げるのは、教会の説教、聖書の講読、礼拝に浸透し

＊聖句集とは、一年の暦にそって聖句を集めたもので、礼拝式で用いられる。多くのキリスト教宗派が聖句集を使うが、神学的な流儀により内容はさまざまである。

ているイエスの教えである。

もっと漠然と、赦しは「聖書」のテーマだと言ったアーミッシュたちも、話を聞いているうちに、「山上の説教」にふれた。年若い牧師で塗装業を営むエイモスはこう言う。

「新約聖書のそこかしこに赦しの話があります。新約を開けば必ず目に入ります。赦しは聖書のすべてです。聖書は、私たちに自分の十字架を背負い、イエスに従うよう教えているのです。何があろうと、私たちはイエスに従わなければなりません」

エイモスは続けて、福音書の話をした。

「マタイ、マルコ、ルカ、ヨハネの福音書をごらんなさい。すべてが赦しを語っています。新約聖書を少し読むだけでも、たくさんの赦しの話に出会います。山上の説教がそうです。赦しの話に満ちあふれています」

たしかに、「マタイ伝」にはイエスが赦しについて教えるところが何箇所もある。あるアーミッシュの大工は、自分は、「マタイ伝」第一八章第二一―二二節にあるように赦しを理解していると言った。罪は七回まで赦せばよいのかと質問した使徒ペトロに、イエスが〈七の七〇倍〉赦しなさい、と答えるくだりだ。

「七の七〇倍、つまり、[学校乱射事件の]惨劇が四九〇回起きても、私たちは赦さなければならないんです」

彼は、イエスの言葉をこのように理解している。他にも多くのアーミッシュが、この箇所をアーミッシュの赦しのルーツとして挙げた。

しかし、アーミッシュの赦しの理論的な根拠が、すべて「マタイ伝」にあるということでもない。数人のアーミッシュは、最初の殉教者となったクリスチャン、ステファノの話を挙げた。ステファノへの投石は『使徒言行録』第七章第五四―六〇節に記されている。彼が死の間際に「主よ、この罪を彼らに負わせないで下さい」と大声で叫んだことを、一人のアーミッシュの男性は「これぞ、赦しです」と言った。

あるアーミッシュの祖父は、『ヨハネによる福音書』にあるこの話を挙げた。「売春婦を捉えたイエスが（訳注：姦通現場で捉えられた女をファリサイ派がイエスのもとに連れてきた）、真っ先に彼女に石を投げることのできる者は誰かと聞かれたとき、石を投げることのできる者は誰もいませんでした」

多くのアーミッシュが挙げたもう一つの赦しの手本は、十字架につけられたイエスのこの祈りだ。

「父よ、彼らをお許し下さい。自分が何をしているのか知らないのです」（「ルカ伝」第二三章第三四節）

殉教の歴史をもつアーミッシュの心のなかでは、拷問や死に直面した際の赦しのイメージが強いのだろう。

つぎのパウロの忠告をそらんじてみせたアーミッシュも何人かいた。

「互いに忍び合い、責めるべきことがあっても、赦し合いなさい。主があなたがたを赦して下さったように、あなたがたも同じようにしなさい」(『コロサイの信徒への手紙』第三章第一三節)

三五歳の裁縫婦メアリーは、また別の箇所を挙げた。

「赦しを考えるとき、真っ先に思い浮かぶ聖書の句は、『互いに親切にし、憐れみの心で接し、神がキリストによってあなたがたを赦して下さったように、赦し合いなさい』(『エフェソの信徒への手紙』第四章第三二節)というところです」

旧約聖書の章節を挙げたアーミッシュもわずかながらいた。エサウがヤコブを赦す話(『創世記』第三三章第一―一七節)と、ホセアが妻ゴメルとその淫行に恵みをもって応えた話(『ホセア書』第一章第一―三節)だ。

しかし、インタビューしたアーミッシュの想念の中心にあるのは、圧倒的に『マタイによる福音書』、そして、彼らが赦しの説明をするとき最もよく引き合いに出されるのが、同書第一八章第二三―三五節の「仲間を赦さない家来」のたとえである。アーミッシュがこれを熟知しているのは、毎年、春と秋にある聖餐式の二週前の日曜礼拝で、監督が必ず朗読し、説教に使うからだ。アーミッシュは、この礼拝から聖餐式までの二週間、自分の信仰について真摯な反省を求められる。このとき、正しい生活への鍵として強調されるのは、神との関係以上に他者との関係なのである。

「仲間を赦さない家来」のたとえは、自分に罪を犯した者を何回赦すべきでしょう、というペトロの問いに対するもの。イエスは、「七の七〇倍まで」と答えたその後に、ある王と、その王に大きな借金のある家来の話を始める。借金をした家来が、巨額の借金の返済を免除してほしいと願ったとき、王は借金を帳消しにしてやる。ところが、赦された家来はただちに、自分に少額の借金をしている仲間の家来の一人を捕まえる。その男は、借金を返すから待ってくれと頼んだが、王に赦されたばかりの家来は、自分が受けた憐れみを仲間の家来には与えようとはせずに、彼を牢に入れてしまう。王は、その家来の行為を知らされるや、借金を帳消しにする最初の約束を撤回し、彼を非難して「牢役人」に引き渡す。

イエスが、このたとえから、最後に神との関係を語る言葉は厳しい。「あなたがたの一人一人が、心から兄弟を赦さないなら、わたしの天の父もあなたがたに同じようになさるであろう」（「マタイ伝」第一八章第三五節）

赦す心をもつ者だけが聖餐に臨めるということを、このたとえは、アーミッシュの男女に想起させるものなのである。

主の祈り

赦さない家来のたとえと同程度にアーミッシュの心を占め、かつ一層高い位置にあるのが「主の祈り」。「マタイ伝」第六章第九―一三節、イエスの「山上の説教」のなかほどに記された、キリスト教の諸宗派が最も重視する祈りである。『マタイによる福音書』がアーミッシュの赦しのルーツだとすれば、「主の祈り」はその最も太い根だといえよう。

天にましますわれらの父よ、願わくはみ名をあがめさせたまえ。み国をきたらせたまえ。み心の天に成る如く地にも成させたまえ。我らの日用の糧を今日も与えたまえ。我らに罪を犯すものを我らが赦す如く、我らの罪をも赦したまえ。我らを試みに遭わせず悪より救い出したまえ。国と力と栄えとは限りなく汝のものなればなり。アーメン。（訳注：これは広く唱えられている「主の祈り」の日本語版。祈りのときは、聖書にある主の祈りとは一部表現が違う）

我々が「主の祈り」の影響の大きさに初めて気づいたのは、ある晩、牧師で農夫であるギドと一緒にピザとアイスクリームを食べていたときのこと。ギドが、終日働いた妻サディに料理をさせなくてすむよう、テイクアウトのピザでよければご一緒に、と言って、親戚数人との夕食に招いてくれた。我々は、ではおごらせてほしいと言って、車にギドを乗せピザ屋へ行くと、彼は常連らしく、ウェイトレスが挨拶を寄こした。帰路、コンビニエンス・ストアで飲み物とアイスクリームを買った。

夫妻のリビングの真ん中で、金属製の折り畳み式テーブルを囲み、我々は赦しについて語りあった。聖書か、処刑人を赦したアナバプテストの殉教者の話になるだろう、というこちらの予想は裏切られる。

「私たちの赦しに大きな影響を与えているのは、主の祈りです。赦さなければ、私たちも赦されません」

なぜそうなるのかなと一瞬、考え込んだが、すぐに、クリスチャンのほとんどがそらんじているあの文句を思い出した。

「我らに罪を犯すものを我らが赦す如く、我らの罪をも赦したまえ」

アーミッシュの宗教生活にとって、この祈りは特別なものなんです、とギドは続けた。

「主の祈りは、〈すべての〉礼拝で唱えられます。普段の礼拝だけでなく、結婚式でも、葬式でも、叙任式でも、必ず主の祈りが唱えられるんですよ」

サディもこうつけ加えた。「〔家族が一緒に唱える〕朝の祈りでも、主の祈りを唱えます。夕べの祈りでは、父親が声に出して唱えるんですよ」

「子供が最初に覚える祈りです」と再びギドが言う。

「言えるようになるまで、繰り返し教えられるので、学校へ上がる前に主の祈りを覚えてしまう。四歳ともなれば、ドイツ語で暗記している子もいるでしょうね。子供が最初に覚える祈り、正確にいえば、イングリッシュの『これから私は眠りにつきます』という祈りに似た、『天使がベッドの上から見守ってくれますように』という、寝る前の短い祈りのつぎに覚えるものなんです。私の家では、寝る前の祈りのつぎに、主の祈りを教えていますよ。学校でも毎朝、生徒が起立して唱えていますよ」

アーミッシュの子供たちの生活では、この祈りが重要な意味をもつ、とメアリーも言う。

「私は五歳で覚えました。ドイツ語でも唱えられるし、うちの子もドイツ語で言えます。私は覚えが早かったので、おばから御褒美をもらったんですよ。うちの子は、四つか五つで覚えました。子供を寝かしつけるとき、夫がいつも唱えていたので学校へ行く前に覚えてしまいましたね」

七〇歳のアーミッシュの女性は、「主の祈り」はアーミッシュの大人の生活でも大事だと言う。

「夕べの祈りのときに思い出すだけじゃなく、いつも心のなかにあります」

この女性は、アーミッシュの結婚式で話をした部外者から、「主の祈り」はイングリッシュの結婚式であまり唱えられないと聞いてびっくりしたそうだ。

「それを聞いて本当に驚きましたよ」

アーミッシュの赦しのルーツを探ると、決まって「主の祈り」に行きあう。誰にインタビューをしても、アーミッシュの書籍、新聞、雑誌のどれを見ても、この祈りがある。しかし一体なぜ、彼らは「主の祈り」にそれほどまでの価値を置くのだろう？　たしかに、どの礼拝でも唱えられるし、子供は幼いうちに覚えさせられる。しかし、他のキリスト教の宗派でもそれは同じ。ではなぜ、アーミッシュの生活文化においては、「主の祈り」にこれほどの権威があるのだろうか？

我々は、その答えは、アーミッシュのコミュニティ重視の生活様式のなかにあると考えた。アーミッシュの信仰生活では、コミュニティの権威が個人の自由を制限する。実際、アーミッシュの生活と米国の主流文化の間に深いくさびを打ち込んでいるのは、自己についての見解の相違だ。

「部外者が私たちとはっきり違うのは、彼らが個人主義だという点です」と、四〇歳のアーミッシュの父親が言う。

現代の米国文化は、個人の権利、自由、好み、創造性を重視する傾向が強い。幼い頃から個々に探求心や創造性を発揮し、他人と違う人間になることを奨励され、大人になればなったで、履歴書に個人の業績を並べ立てる。こうした個人志向の価値観から、偉大な発明、まばゆいばかりの創造性があふれ、豊富な選択肢が用意される社会が誕生した。しかし一方、こうした価値観は一部の批評家から「ナルシシズムの文化」、自己愛文化をもたらしてしまった、との批判も受けている。[後注5] 心理学者ケネス・J・ガーゲンは、著書『飽和した自己（The Saturated Self）』で、多くの現代人が個人的欲望に取り憑かれていると指摘する。[後注6]

これに対し、アーミッシュの文化では中心的価値がコミュニティにある。洗礼でひざまずくとき、彼ら一人ひとりが、キリストに従い、自分を教会の権威の下に置き、〈オードヌング（Ordnung）〉*、つまり教会の不文律を守ることに同意する。彼らの価値観のキーワードは〈自己否定、従順、受容、慎ましさ〉。いずれも、コミュニティの集合知への個人の服従を要請するものだ。個性は失われるわけではないが、制約を受ける。アーミッシュたるものは、ひとり我が道を行くのではなく、教会の権威、究極的には神に、服従せねばならない。

アーミッシュの信仰生活の各部に浸透するこの心情は、部外者の多くには不可解だ。たとえば、自分の信仰を公の場で語るのは、宗教知識をひけらかすようなもので、うぬぼれとみなされるし、聖句を公の場で読むことも「おごった心」の現れとされる。個人的に聖書解釈をしたり礼拝の場で証を立てるのも、本物の信仰ではなく傲慢のなせる業ということになる。アーミッシュにとって、本物の信仰とは、静かに、控え目に、謙虚の衣をまといつつ、言葉よりも行為で表されるものである。知恵を試すのはコミュニティであって、個人の感情や雄弁、説得は関係ない。

このように抑制のきいた文化では、祈りも慎ましいものになる。他人を印象づける手段にしないよう、聖書の「主の祈り」の直前の箇所で、イエスも警告している。アーミッシュは、多くの宗教の宗派がそうしているように、個人が考えた祈りの言葉を唱えることはしない。牧師さえも、祈りの言葉を自作しない。一般的なアーミッシュの礼拝では、二つの説教と二つの祈りがなされ、最初の祈りは黙祷だが、その中身は、インタビューしたア

＊オードヌングとは、アーミッシュの生活における衣服、娯楽、テクノロジー、その他多くの事物について、禁止事項と使用の仕方を規定したルールをいう。内容は少しずつ変化しており、年二回実施される各教区の教区民による投票で、新たに確認をし直す。

ーミッシュが全員口を揃えた通り、「主の祈り」だ。二番目の祈りは、何百年も前からの祈祷書『熱心なキリスト教徒のための祈祷集（Die ernsthafte Christenpflicht）』を牧師が朗読するものだが、そこにも「主の祈り」が必ず含まれている。[後注7]

先ほど紹介したように、「主の祈り」は、家庭での聖書朗読と、多くのアーミッシュが朝夕行う祈りの時間にも唱えられている。一般的には、まず父親が祈祷集から祈りを一つ読みあげ、他の家族はその間ひざまずく。だから「主の祈り」は、多くの家庭で一日二回唱えられ、心のなかでも祈られることがある。たとえば、アーミッシュの人々は、食事前に声を出して祈ることをしないかわり、食前と食後に黙祷を捧げる。「何を祈るのですか？」と聞くと、一人の男性が仲間を代表して言った。

「主の祈りです。『我らの日用の糧を今日も与えたまえ』という文句があるので、食事時にこれを祈るのです」

このようにアーミッシュにとって「主の祈り」は、いうなれば、祈りのなかの祈りなのだ。彼らの多くが日々、何度もこれを意識し、礼拝日にはその回数はもっと増える。ある若い事業経営者が、これをわかりやすくまとめてくれた。

「僕たちは、イエスの祈りをもっとよいものにしたいなんて思いません。そんな必要がありますか？　主の祈りは実にすばらしい、バランスのよい祈りで、大事なことは全部ここに含まれています」

アーミッシュの考え方からすれば、「主の祈り」を別のものに変えることは、慢心の現れだ。この素朴な古代の祈りは、それゆえ、アーミッシュの精神性のカギを握るものだといえる。

赦されるために赦す

「主の祈り」を「すばらしい、バランスのよい祈り」と評するとき、想定されている領域は一つではない。しかし、アーミッシュの耳にひときわ強く響くのは、「我らに罪を犯すものを我らが赦す如く、我らの罪をも赦したまえ」という赦しにふれた箇所。ある年長のアーミッシュはきっぱり言う。

「主の祈りでは、赦しが〈特別な〉扱いを受けています。聖書で主の祈りに続き、イエスが赦しの話をなさる二つの節があるのをご存知ですか？　赦しこそが主の祈りの中心、一番大事な要素ですよ」

彼の言うその二節には、アーミッシュの赦しの基本的要素が凝縮されていた。

「もし人の過ちを赦すなら、あなたがたの天の父もあなたがたの過ちをお赦しになる。し

かし、もし人を赦さないなら、あなたがたの父もあなたがたの過ちをお赦しにならない」（「マタイ伝」第六章第一四―一五節）

アーミッシュは、赦さなければ赦されない、と信じている。それがアーミッシュの信仰の核心、救いの概念の核心なのだ。神の赦しは、他者を進んで赦せるかどうかにかかっている。アーミッシュの話、説教、文章に繰り返し現れる決定的なフレーズは、こういうものである。

〈赦されるためには、赦さなければならない〉

これがかつてなく明瞭に語られたのが、ニッケル・マインズ乱射事件だった。なぜアーミッシュは赦せるのか、という多数の問い合わせに対し、指導者たちが回答した無署名の文書には、つぎのように説明されていた。

「私たちのコミュニティが与えた赦しに、とまどった方たちもおられたようですが、私たちが赦さないとしたら、私たち自身も赦しを期待できません。赦しを与えないのは、悪事を働いた者以上に、私たち自身を損なうことになります[後注8]」

学校乱射事件が起こる前から、アーミッシュは、他者を赦すことが、神に赦されることと密接に結びついていることを知っていた。アーミッシュの雑誌『ファミリー・ライフ』には、両親から受けた心の傷をクリスチャンにならない口実にした、一人のティーンエイジャーの話を取り上げた記事がある。「父親から言葉による虐待を受け、母親からは過剰な期待をかけられ……両親は到底、完璧な親とはいえなかった。彼らはいろいろな間違いを犯し、なかには大きな間違いもあっただろう」

話はさらに続く。

「そのとき我々は『赦す』という言葉に行き当たる。ヘンリーは天国へ行けないかもしれない。赦しの本当の意味を学んでいないから」後注9

この話の後で、筆者はつぎのような解説を加えている。

「主の祈りを唱えるとき、私たちは、人を〈赦す〉ように私たちのこともお赦し下さい、と父なる神に祈る。人を赦さない者が赦されることはない……人を赦すのを拒む者は、自ら愛と慈悲のおよばないところへ行く。我々が日々犯す罪を神に〈赦して〉ほしいなら、我々も赦し、受け入れ、愛さねばならない」

もう一人のアーミッシュは、つぎのように書く。

「赦しほど遠大な要素はないであろう。主の祈りを唱えるとき、我々は、自己に深い責任を負うことを約束する。我々に罪を犯した者を赦すことを条件に、主に赦しを願い出る。これ［主の祈り］を唱えるとき、我々は、自分の赦しに責任を負うという、このごくリアルな感覚を、日々、蘇らせるべきである。そうしてこそ、かくも多くの人が惨めである理

由―自分を不当に扱った者を赦さないから、赦されない―がわかるだろう」後注10

このアーミッシュの赦しの公式は、多くのクリスチャンには馴染みがない。それどころか、一般的なプロテスタントの教義とはあべこべといえる。大方のプロテスタントは、神は罪を犯した者もお赦し下さるのだから、不当な仕打ちを受けた者も相手を赦すべきなのだ、という理解の仕方をしている。ところがアーミッシュは、神は他者を赦した者〈しか〉お赦し下さらない、と考えている。クリスチャンが一般に理解する赦しと違う、と驚く者に、アーミッシュは、聖書をよく読めばわかりますよ、と言う。実際、ギドの妻サディは我々にこう言った。

「とても単純なことでしょう?」

他のキリスト教宗派も、無論、「我らに罪を犯すものを我らが赦す如く、我らの罪をも赦したまえ」が何を意味しているのか長いこと議論をしてきた。しかし彼らの多くは、「マタイ伝」第六章第一二節を字義どおり解釈することを、アーミッシュとは違って否定した。理由は、それでは威圧的すぎるし、馬の前に荷車をつなぐことになる、つまり道理がひっくり返ってしまうためだ。

「赦しは決して、我々のほうから始めるものではない」と、ある聖書研究者は書く。「それは罪人である我らに、まず神から恵まれるものである」。さらにこう続ける。「我らが人を赦すのを拒んでも神は赦して下さるが、それは、我々の魂を寛容にさせるためにほかならない[後注11]」

つまり、人は神の恵みを受けることによって、他者を赦せるようになり、その恵みを謹んで他者に伝えられるようになる、というのだ。このような考え方に立つなら、「マタイ伝」第六章第一二節、「主の祈り」の一節は、こう読み換えられることになるだろう。

「イエスが我らを赦す如く、我らが人を赦すのを助けたまえ」

しかし、この部分の字義どおりの解釈を変更するのはやや無理がある、と考えるキリスト教徒がアーミッシュ以外にもいる。そして彼らも、アーミッシュが重視する「主の祈り」直後の二つの節を取り上げる。

「もし人の過ちを赦すなら、あなたがたの天の父もあなたがたの過ちをお赦しになる。しかし、もし人を赦さないなら、あなたがたの父もあなたがたの過ちをお赦しにならない」

（「マタイ伝」第六章第一四―一五節）

ウィリアム・バークレーによるこの章の解説によれば、「イエスは、この上なく平易な言葉で……我々が人を赦さなければ、神も我々をお赦しにならないことを教えられた[後注12]」。だから、「仲違いをしたまま、争いごとを解決しないまま赦しを願うのは、私を〈赦さないで〉下さいと神に訴えるのと同じ」であることは明白だという。

赦しを願うことに対するアーミッシュの理解の仕方は、このバークレーの解釈と瓜二つだ。無論、アーミッシュは、イエス・キリストを通じた神の恵みが、自分たちが生まれるずっと前、ニッケル・マインズでチャールズ・ロバーツを赦したときよりはるか昔に与えられていることは知っている。乱射事件のすぐ後にも、アーミッシュの新聞『ディー・ボートシャフト』に、一人の通信員は「第一の〈赦し〉は、イエスが我々の罪ゆえにその命を投げ出したことだ」と書いている。後注13 しかし同時に、神からの赦しが、現在と将来にわたって引き続き保障されるかどうかは、人が他者に憐れみを示すか否かにかかっている、と彼らは考える。この、神の赦しと人の赦しの相関性は、本章の冒頭で取り上げた、赦さない家来のたとえにも見られるものだ。このたとえで、神の赦しを表している王の赦しは、家来の行為に〈先だって〉なされた。つまり、王の憐れみは、〈最初は〉家来の行為とは無関係に示されている。しかし、憐れみの〈継続〉は、家来の行為に影響された。家来が、他者に憐れみを示さなかったために、王は最初の赦しを撤回した。

このたとえは、神の赦しの継続は、我々が進んで他者を赦すかどうかにかかっている、というアーミッシュの理念を明瞭に示している。アーミッシュは、神がかつて、この世において、そして彼らの教会や生活において、恵みを与えて下さったことを十分意識している。しかし、その恵みは常に求め続けなければ失われるというのが、彼らの信念なのである。

る。

乱射事件の前でも、アーミッシュは、彼らの赦しはその信仰に深く織り込まれているという見方を少しも否定しなかっただろう。しかし、両者にここまで密接な関係があるというのは、彼らの赦しに世間の注目が集まり省察を促されたことで、初めて意識した人が多かった。

第八章　赦しの精神

我らは弱きものなれば日々、赦しが必要なのだ——アナバプテストの殉教者、一五七二年

ニッケル・マインズ乱射事件から二週間経って、我々は学校から五マイルほど離れたあるアーミッシュの家を訪ねた。こんなに距離があっても、事件当日はサイレンの音が聞こえ、上空を飛ぶヘリコプターが見えたと、その家の人たちは言った。一〇月二日に失われた命を思うと、母親のメアリーは今も涙をこらえきれない。アーミッシュ・コミュニティの多くの人がそうであるように、メアリーにもニッケル・マインズ周辺に友人や親戚がいたのだ。

「ご家族がどんなに辛いか想像もつきません」と彼女は言ったが、遺族の気持ちはある程度察しがついていたのではないだろうか。彼女自身にも、二人の男の子と四人の女の子がいるからだ。一番上の一三歳の女の子は、我々がダイニング・ルームでデザートを御馳走になる間、黙々と食器を片づけていた。

「牧師さんは殉教者のことを話されましたか?」と我々は聞いた。ここでは「殉教者」という言葉に説明はいらなかった。アナバプテストは、一五二〇年代からほぼ一〇〇年にわたって、世俗の権威と宗教的な権威の双方から排撃され、虐げられ、現代ならさしずめ電気椅子に送られた過去をもつ集団だからである。その間、断頭や火あぶりの刑に処された信者数は、およそ二五〇〇人。

少女の葬儀と事件のすぐ後の日曜礼拝に出席したメアリーは、この質問にうなずいた。

「ええ、事件の後で、牧師さんは殉教者の話をされましたよ」

しかしすぐ、それはとくに珍しいことではない、とつけ加えた。「礼拝ではたいてい殉教者の話が出ますから」

約五〇〇年前に生き、死んでいった殉教者は、今もオールド・オーダー・アーミッシュとともにあり、生身の人間が神に従って生きる手本を示す。殉教の物語は、礼拝だけでなく、家庭でも学校の授業でも繰り返し語られ、アーミッシュに神の摂理、現世の悪、絶体絶命の状況での神への忠誠といった数々の教訓を伝えている。イエスの教え、とりわけ「主の祈り」が、アーミッシュの赦しのルーツの根幹をなすものなら、殉教の実話はその実践を励ますものだ。殉教の物語を語り続けることは、神に命を捧げ、自分を殺す敵を赦した歴史上のロールモデルを身近に置くことだ。殉教の実話は物語や聖歌、説教に取り込まれ、赦しはそこで、服従、無抵抗、敵への愛といった他の神学的テーマと関連づけられる。乱射事件に対するコミュニティの反応は、これらすべてによって育まれたものといえる。

アーミッシュの霊性

クエーカー教徒の神学者サンドラ・クロンクは、オールド・オーダー派の霊性を、ドイツ語の〈ゲラッセンハイト（Gelassenheit）〉、一般に「従順（yieldedness）」とか「服従（submission）」と訳される概念で言い表した。クロンクによれば、アーミッシュは「現世における神の働きを無力さの力のなかに見る」[後注1]。そして、この逆説的パターンの追求こそ、「神の摂理に従って生きることだとオールド・オーダーに従う人々は信じている」

アーミッシュは、「主の祈り」の「御心が行われますように」（「マタイ伝」第六章第一〇節）の文句が規定する神との関係を、服従と考える。そしてこの服従の精神は、「個々の問題にとどまることなく」、互いに自己を断念し、自衛を放棄し、正当化や復讐願望を捨てる倫理にまで拡張されている、とクロンクは指摘する。

しかし、ゲラッセンハイトは必ずしも運命論につながらない。アーミッシュも日常生活でさまざまな選択を行い、リスクを計算し、将来の計画を立てる。「神の計画」を頻繁に口にはしても、歴史はあらかじめ神に定められているとか、自分たちは神の筋書きどおりに動く人形だとは思わない。むしろ、最終的に何を重く見るか決定するのは人間で、キリストとの約束に従って生きるという決定も、その例外ではないと彼らは考える。アーミッシュにとって、その決定―成人になってから決断し、洗礼によって確定―とは、教区民として生きる道を選択することだ。神意への服従は、ときに、現世の政府が決めた決まりを頑固に拒む態度ももたらす。アーミッシュの男性が兵役を拒否したり、親たちがティーンエイジャーの子供を公立高校へやるのを拒否するのは、その例である。

ゲラッセンハイトには多くの側面がある。自己の意志を喜んで神意に添わせることは、その一つだ。信仰ゆえに火刑に処された殉教者は、自分の命を文字どおり神に捧げるという服従の極致を体現した。これに対し、二一世紀のアーミッシュの日常生活でのゲラッセンハイトは、教会の権威に服従し、オードヌング、つまり教会のルールと、それが体現する集合知を進んで受け入れることだ。慎ましく控え目なライフスタイルも、穏やかなゲラッセンハイトの現れといえる。

さらに、アーミッシュが話すペンシルベニア訛りのドイツ語に、ウフガヴァ（uffgevva放棄する）という動詞がある。この言葉には、コミュニティや神が定める指導者の権威の前に、喜んで自己を放棄するという意味がこめられていて、やはりゲラッセンハイトの一面を示す。ウフガヴァは、アーミッシュが実際、よく使う言葉で、自分の意志を捨てる、（親や教会の）権威に服従する、神の意志に従う、などというときに使われる。

女性の役割についての考え方にも、ゲラッセンハイトの精神が反映している。アーミッシュは、新約聖書の一部を彼ら流に解釈し、家庭での宗教上の長は男性、妻は夫の権威に従うものと考える。女性は家事を切り盛りするほか、最近は自営業に携わるケースも増えているが、幼い子供のいる母親が外でフルタイムの仕事に就くことは滅多にない。また、教会のさまざまな意思決定に際しては女性も投票に加わるものの、聖職に就いたり、公的な権限をもたせられることはない。男女の役割分担、影響力の差は歴然で、男性に対する女性の関係を説明する場合も、服従の概念が引き合いに出される。ただし、ゲラッセンハイトは性別に関わりなく大事で、男女を問わず望ましい態度であるとされている。

西洋文化の強烈な自己主張に慣れた者にとって、最も衝撃的なのは、ゲラッセンハイトが、個人の願望を抑え、服従と自己放棄へと導く点だ。アーミッシュは日々、ゲラッセンハイトを実践する。それはたとえば、規則通りの服を着て、カメラの前でポーズをとるのを拒み、スピードを出した自動車が行き交うなかで馬車に乗る危険を冒すということだったりする。ゲラッセンハイトは、質問に答えることをためらわせ、甲高い笑い声より、かすかな微笑やクスクス笑いで喜びを表現させ、何事も控え目な性格を形づくる。さらに、ゲラッセンハイトは、無抵抗主義、つまり「悪人に手向かってはならない。だれかがあなたの右の頬を打つなら、左の頬をも向けなさい」（「マタイ伝」第五章第三九節）というイエスの教えを文字どおり信奉することと、密接な関係をもつ。ゲラッセンハイトの精神は、自衛と復讐を拒ませる。

ゲラッセンハイトの精神は、教え込まれるのと同じくらい、「染まっていく」ものだ。アーミッシュの子供は、服従と自己放棄を示すさまざまな儀式や習慣に浸されて育つ。彼らを取り巻く世界には、服従と無抵抗、赦しの大切さの証人として、今も影響をもち続ける歴史上の人物がいっぱい住んでいる。

物語と歌

アーミッシュは物語好きな人たちだが、彼らの間で最もよく知られているのは、ヤーコプ・ホシュステトラーの物語だろう。一八世紀、ペンシルベニアの辺境で暮らしていたアーミッシュである。フレンチ・インディアン戦争がこの地におよんだ一七五七年のある晩、一家の住むキャビンが、原住民に襲われた。二人の息子、クリスチャンとジョゼフは猟銃で応戦しようとしたが、ヤーコプは銃を取ることを拒み、息子たちにも暴力を禁じた。かわりに一家は地下室へ隠れる。結局、母親と一人の息子、一人の娘が殺されてしまうのだが、生き延びた二人の息子は、やがて大家族をなし、その子孫は現在のアーミッシュのうち、かなりの比率を占める――この話が好まれる理由の一つは、きっとそこにあるのだろう。

ホシュステトラーの話が語り継がれてきたもう一つの理由は、無報復（nonretaliation）、服従という、彼らにとって重要な文化的関心事を伝えているからだ。子供を守らない父親は、非アーミッシュからは怠慢のそしりを免れまい。しかしアーミッシュは彼に、無抵抗を呼びかけたイエスへの模範的忠誠を見るのだ。ヤーコプは、子を愛する父として、暴力的手段で自己の命を守ろうとした息子の衝動を制した。この物語は、アーミッシュ学校の教科書にも載っているし、食事の席でもよく語られる。ヤーコプ・ホシュステトラーは愚か者などではない。ゲラッセンハイトを貫いて、世間にありがちな男らしさのモデルと対照的な、アーミッシュ的男らしさの手本を見せたのだ。

歴史上の手本が、現在の信仰生活と最も強く結びつけられるのが礼拝の場だ。アーミッシュの礼拝には、自己放棄の言葉や儀式が充ち満ちている。三時間にわたる日曜朝の礼拝は、一六世紀の賛美歌集『アウスブント』の唱和から始まる。この歌集には、アナバプテストの始祖が獄中で書いた詩も含まれる。アーミッシュの賛美歌の合唱は、彼らの生活の多くの面がそうであるように、現代的なあわただしさとかけ離れたものだ。四節の賛美歌を歌うのに一五分から二〇分もかける。譜面はなく、口伝されてきた歌の音節は長々と延ばされ、一つの音が延々と響く。ゲラッセンハイトの精神は時もせかさない。

『アウスブント』は、神への服従と現世の命のはかなさを伝える歌集だ。「主の祈り」も収められているが、そのほかは殉教者の歌。キリストのように、争わず、裁きを神にゆだね、処刑人の救済を祈りつつ死んでいった聖書の登場人物。初期キリスト教の殉教者。そしてアナバプテストの歌である。その一つに、クリストファー・バウマンという作者が、官憲から受けた拷問を自ら書き遺した詩がある。

彼らは我が体を［拷問して］引き延ばし、
手足を引き裂く。
我が神！　我が嘆きをお聞き下さい、
どうかこれをお調べ下さい。[後注2]

しかし、バウマンは神に完全に服従しており、自分が受けた拷問への復讐を求めない。

我が神、我が願いをお聞き下さい。
彼らの罪をお赦し下さい、
我にこの痛みを与えし者の罪を。

ゲオルグ・ワグナーという別の殉教者が書き遺した詩は、自分の身を守らずに十字架についたイエスを模範と仰ぐ。

心におとめ下さい、
我らもまた、
ここに苦しみを忍び、
主とともに恥辱を受けんことを。[後注3]

『殉教者の鏡』に映し出された赦し

アーミッシュの礼拝では、会衆がひざまずいて祈り、新約聖書から二つの章が朗読された後、二つの説教がなされる。一つは約二〇分、もう一つは約一時間と長い。説教役の監督や牧師は、必ず冒頭で、自分の至らなさや分不相応を強調する。説教の最後にも同じくへりくだった言葉を述べる。自分の非力を詫び、他の牧師に、もし間違いに気づいたら教えて下さいとお願いする。実際、そうする牧師もいるが、およばずながら、と自分もへりくだりの言葉を最初に述べるのを忘れない。

彼らは神学校で学んだこともない上に、説教は即席である。内容は、聖書とアナバプテストの歴史から題材をとることが多く、そこに日々の生活で気づいたことや教訓を織り交ぜていく。初期キリスト教徒と一六世紀のアナバプテストの殉教譚を満載した、千頁の大著『殉教者の鏡』も、よく引用される。[後注4]彼らの見事な死に様は、獄につながれているわけではない二一世紀のアーミッシュにとっても、忍耐のお手本である。

『殉教者の鏡』は、メノナイトのオランダ人牧師が一六六〇年に編纂したもので、後にドイツ語と英語に翻訳された。これらはアーミッシュの出版社から発行され、毎年、数百部ずつ売れている。分厚く、文章も難解だが、アーミッシュの間で広く読まれ、多くの家庭に置かれている。教会と現世の区別を明瞭にし、世俗の権威に信を置きすぎることを恐れるアーミッシュの意識を裏打ちする書物といえる。

殉教の歴史は、アーミッシュの専売特許ではない。多くの宗派、そして一部の政治運動も、大義のために気高い死を遂げた英雄を礼賛する。しかし、そうしたことが、とかく復讐を煽るために利用されやすいのも事実である。一六世紀、フランス宗教戦争（ユグノー戦争）のさなかに起きた聖バーソロミューの虐殺（訳注：フランスのカトリック派が、一五七二年八月二四日、聖バーソロミューの祝日に改革派を多数殺戮した事件）が、カトリックに対するプロテスタントの報復を正当化し、今世紀への変わり目に、アル・アクサ殉教者旅団（訳注：パレスチナの武装組織）も同様の信念に突き動かされたように、非業の死をもたらした者に相応の報いを受けさせたいという衝動には根強いものがある。

かたや、アーミッシュが受け継いだ殉教の遺産は、無報復と敵を愛する倫理を育んだ。アナバプテスト自身がそう考えたように、「彼らが真のキリスト教の殉教者といえるのは、カトリックやプロテスタントのように他のキリスト教徒の血を「一滴たりとも」流していないからだ」と、歴史家ブラッド・グレゴリーは指摘する。[後注5]「一人も殺していない」ことを、彼は真の殉教の要件に挙げる。

アーミッシュは、長い歳月を一貫して、殉教の史実は晴らすべき恨みではなく、見習うべき自己放棄の手本であると考えてきた。最近も、アナバプテストの殉教者の歌を考察した出版物で、あるアーミッシュの牧師が、オールド・オーダー・アーミッシュは、ローマに忠実な代官に処刑された先祖がいるからといって、今のカトリックを非難してはならない、と忠告している。[後注6]

「四、五〇〇年も前の出来事について、よその宗派を非難するのはまったく不当」なばかりか、「殉教の史実を他をあげつらうのに利用したりすれば、慎ましさと赦しという、これらが真に伝えるメッセージが台無しになってしまう」

そして、こう主張する。

「我々は、他の人々の信念を罵倒するために生まれてきたわけではない。我々の誰一人として、真実を知り尽くしていると言い切れる者はない」。それよりも「憂慮すべきは、上に立つ集団は［必ずや］権力の乱用に走る、ということだ」

アーミッシュの赦しを育んできたのは、ゲラッセンハイトの中心にある自己放棄の精神だ。オールド・オーダー・アーミッシュの出版社が発行する『殉教者の鏡』の参考書には、この関係が明確に述べられている。[後注7]

「処刑が迫ったアナバプテストは、イエスのように死ぬことを願い、処刑人のために祈り、彼らを赦した」。一六世紀と今日とを問わず、彼らが示した手本は、「赦しの精神のもとに命を投げ出すことを励まし続けた」

赦しは、『殉教者の鏡』に一貫して流れるテーマである。[後注8]一五六九年に処刑されたヘンドリック・アレウィンスは、自分が神に赦されることと、自分が処刑人を赦すことの関係を、こう表現している。

「私がそなたを赦すように、私もまた神に赦されたいと願うように、そなたが私にした不当な仕打ちのすべてを、神がお赦しになるように」

知人に密告され、捕えられたアナバプテストの行商人は、こう言っている。

「心から喜んで君を赦す。君に主のお恵みがあるように」

義理の姉妹だったマリア・ヴァン・ベックムとユースラは、イエスが十字架で言った言葉を唱えている。

「彼らをお赦し下さい。自分が何をしているのか知らないのです」

さらに、ヤン・ワティエールという殉教者は、自分の処刑人に、もし私が知らずに間違ったことをしていたら、〈私を〉赦してほしいとまで言っている。

処刑を待つ間、自分の命を奪う者を赦すよう、家族に手紙を書いた殉教者もいる。ヤン・ワウタースは、獄舎から妻に宛てて、自分を捕えた者のために祈り、赦しなさいと書いた[後注9]。赦すことを拒めば、妻は神から罰を下されてしまうと恐れたのである。

「主も……御身の罪を赦しては下さるまい。ゆえに誠の赦しを与えよ。そして御身を苦しめる者のために祈れ……我らは弱きものであるゆえに日々、赦しが必要なのだ」

無抵抗、慎ましさ、赦しは、オールド・オーダーのゲラッセンハイトの精神のなかに溶け込んでいる。「死の間際に処刑人を赦すことは、キリストの弟子として生きる者が生涯最後にできる行いである」と参考書に書かれている。[後注10]「キリストは生涯、剣をとることはなく、死に臨んでもそれを拒んだ。そして敵を赦した」

アーミッシュにとり、汝の敵を愛せというキリストの教えは、敵を赦せということでもあるのだ。

ディルク・ウィレムスの壮絶な信仰の証

アーミッシュに、赦しの具体例を聞くと、多くが「氷の上を渡った男」の話を挙げる。『殉教者の鏡』にある、我が身を投げ出し敵を愛する、アーミッシュの倫理を実践した劇的な物語だ。細部まで覚えていない人も、あらましは言えた。

氷を渡った男とは、ディルク・ウィレムスというオランダ人のアナバプテスト。アスペレンという村に住んでいた。彼は一五六九年、成人洗礼を受け、禁じられている宗教的集まりを自宅で開いた罪で捕えられた。城のなかの牢に入れられたウィレムスは、毛布をつないでロープをつくり、窓から脱走する。しかし、やすやすと逃げることはできなかった。脱走に気づいた看守が、村長とともに追跡を始めたのだ。ウィレムスの行く手には凍った池があった。春先で溶け始めた氷を、彼はかろうじて渡り終える。ところが、看守が運悪く割れ目から池に落ち、溺れかけてしまう。このままでは死ぬと思った彼は、先を行くウィレムスに大声で助けを求める。

アーミッシュの語り手はよく、ここで、わざと間を置く。聞く者はその間、ディルク・ウィレムスの選びうる道を、自らの道徳観に照らし考える。看守が氷の割れ目に落ちたのは、ウィレムスを逃げさせるための神の計らいだ。彼は神を賛え、逃げればよいのでは？そのまま逃げて、氷の池に落ちた手下は村長に助けさせたらどうか？　助けるといっても、薄い氷が体重を支えきれず、結局、二人とも溺死しかねないから、戻るのは非現実的ではないか？

話が先へ進むにつれ、緊張が高まっていく。ウィレムスは助けを呼ぶ声に立ち止まり、踵を返し、看守を救いに戻る。そして文字通り、敵に手を差し伸べて、慎重に安全な場所に助け上げたのである。これは、仲間のために命を投げ出す兵士や、自分の健康や財産とひきかえに我が子を救う親の話とは違う。自分を殺そうとする敵を助けた男の話なのだ。

しかし、物語の本当の要点が明らかになるのは、結末である[後注11]。看守が救い出されるや否や、村長は彼を再び捕えて、火刑に処せと命令する。ところが、処刑は最悪のものになった。ウィレムスの上半身に燃え広がった炎が強風で消されたために、死の業苦がかえって長引いてしまったのである。敵を赦すウィレムスの絶叫は風に乗って隣村まで響き、その数は七〇たびを超えた、と『殉教者の鏡』は伝えている。

敵への赦しと愛を伝えるこの壮絶な物語は、アーミッシュの殉教譚の古典として、『殉教者の鏡』のほか、彼らの雑誌である『ファミリー・ライフ』にも載っている。アーミッシュ学校では、オリジナルを脚色した『ディルク・ウィレムスと泥棒巡査』を授業に使い、悪いことをしようとする相手に善いことをしてあげるため引き返したのは誰か、子供たちに考えさせている。

アーミッシュの教科書にある赦し

アーミッシュが生活のなかで赦しを学ぶテキストとして、聖書と『殉教者の鏡』に優るものはない。しかし子供たちは、教科書からも赦しの物語を学ぶ。アーミッシュの子供のほとんどは、アーミッシュ学校に通う。ここで教師は、両親が教えてきた教会の価値観をさらに強化する。多くの学校では、オールド・オーダー・アーミッシュの出版社が発行する『道の読本』シリーズが使われる。一冊ごとに『ともに生きる』『本当の価値を探して』などのタイトルをもち、最終学年の八年生向けは『私たちの遺産』。『私たちの遺産』は、表紙に、牢獄と殉教者の運命を連想させる鎖と足枷の絵がある。

「愛の道」「身を捧げた人たち」などのタイトルの章ごとに、無抵抗の愛や赦しの実践を促す話が集められている。このうちの一つ、「ピーター・ミラーの復讐」は、米国の独立戦争の時代に生きたピーター・ミラーという無抵抗主義のクリスチャンが主人公だ。[後注12]

「ミラーと彼の友人たちは、良心に背いて戦いに加わったり、いずれか一方に加担したりできなかった。彼らは、戦争は過ちであると固く信じていた。それでも、英国人であろうと米国人であろうと、困っている人を助けることは決して拒まなかった」

物語はそれから、無抵抗主義のミラーを「大馬鹿者」と考え、嫌がらせを続けてきたマイケル・ホイットマンという男の話になる。

ある日、ジョージ・ワシントンの軍から逃亡した「飢死寸前の」男の世話をしていたミラーは、その兵士から、裏切り者のホイットマンが吊るし首になると聞く。ミラーは、さんざん嫌がらせされた男の命乞いのため、ただちに家を後にし、深い雪のなかを三日間ぶっ通しで歩き続けた末に、ワシントン将軍に直訴する。将軍は、ミラーの話に耳を傾けてくれたが、ホイットマンは公正な裁判を受けたのだと言う。そうでなければ「あなたの友人を喜んで赦免するのだが」と静かに語る将軍に、「友人ですって?」とミラーは声を上げた。「彼は私の仇敵です」

ワシントンは驚き、なぜわざわざ敵の赦免を願い出るのか、いぶかしがる。しかし結局、彼は恩赦を下すことになり、ミラーは間一髪のところで処刑場にそれを伝えることができた。そして話の結末は、行動は言葉に勝るという、アーミッシュの大事な教訓を伝えるものになっている。

「『ああ、ピーター』、ホイットマンは泣きながら言った。『あんなにひどいことをした俺を、なぜ赦してくれるのだ?』ピーターは黙って首を振るばかりであった。何も言えなかった。しかし、あえて何か言う必要もなかったのである」

西ニッケル・マインズ校の女生徒すべてが、八年生向け『道の読本』を学んでいたわけではない。しかし、家庭、教会、学校のそれぞれでなされる教育、手本の教示、励ましの相乗作用で、アーミッシュの価値観はあの子たちにも十分浸透していたことだろう。

一〇月一日の日曜日、ニッケル・マインズ周辺のアーミッシュの子供たちは、王に赦しを求めながら自分は赦さなかった家来のたとえ(「マタイ伝」第一八章第二一―三五節)を聞いたことだろう。秋の聖餐節に読まれる聖句集にある、人を赦さなければ自分も危うくなることを教える話だ。この日の礼拝では、殉教者の犠牲的愛が語られ、赦しが説かれたことだろう。礼拝は教区ごとに隔週に行われるから、その日、礼拝のなかった教区では、家庭で「マタイ伝」第一八章が読まれただろう。乱射事件で重傷を負った一〇歳の少女は、両親からこの話の意味を聞かれ、こう答えたそうだ。

「人を赦さなければいけません」

翌日、一三歳のマリアンが、チャールズ・ロバーツに、自分を最初に撃ってと言った。彼の怒りを静め、クラスメートを助けようとしたのだろう。予期せぬ危機に直面し、彼女が真っ先にとった行動は、我が身を投げ出し他の者を救うことだった。八年生のマリアンには、すでにゲラッセンハイトの習慣が身についていた。何度も聞かされた殉教者の勇気をもって、死に立ち向かうほどに強く。アーミッシュの意識の底に埋め込まれた価値観が、ロバーツの凶行に遭うや発動した。そして、その後さらに、赦しという形をとって現れたのだ。

第九章　赦しの実践

いつも赦せるとは限りません。私たちにも葛藤はあります——アーミッシュの牧師

ニッケル・マインズ事件で、彼らがいち早く殺人犯を赦すのを見て、多くの評者は、アーミッシュにとって赦すのは簡単なことなのだと誤解した。しかし我々がインタビューしたアーミッシュは、赦しとは終わりのないハードワークだと言っている。そして、外の人間より、教区の人間を赦すほうが難しいことがあるとも。牧師のギドもそれに同意する。「悩ましいのは仲間うちの恨みつらみです」と彼は言う。「[チャールズ・]ロバーツのような外の人間［を赦す］より、仲間を赦すほうが難しいことがあります。私たちにも不満の種はありますから」

アーミッシュは、赦しについてつぎの二点を認識している。一つ、神に赦されるかどうかは、他者をどれだけ赦せるかにかかっている。二つ、加害者を赦すのは簡単ではない。だからこそ、彼らは子供に赦しを教え、彼ら自身も、赦しを実践するために多大な精力を

費やすのだ。

子供のしつけ

アーミッシュの社会は、正規の宗教教育が比較的乏しいという特徴をもつ。二、三のグループは日曜学校を開くが、普通は教会のサマー・キャンプや夏期聖書学校はないし、カレッジや神学校も存在しない。西ニッケル・マインズ校のようなアーミッシュ学校も、公式な教義を教えていない。たしかに、学校では聖書の講読や「主の祈り」の唱和がされるし、アーミッシュの価値観を伝える話を集めた読本もある。しかし、アーミッシュの信仰とはこういうものです、とはっきり教える仕組みは何もない。指導者たちは、宗教教育の責任を第一に家庭に負わせ、学校や教会はその任に当たらない。その親たちにしても、特段、指導要領のようなものに沿って子供を教育するわけではない（聖書、祈祷書、何誌かの雑誌を別にすれば）。そこで、我々は単刀直入にこう質問してみた。

「アーミッシュは、どのように赦しを学ぶのですか？」

すると「教わったとおりにするのですよ」とそっけない返事が返ってきた。

もう少し具体的に教えていただけますか、と聞くと、今度はいろいろな答えが返ってきた。例としてよく挙がったのが、兄弟喧嘩。幼い子供のいる三八歳のメアリーが言った。「うちの子には、喧嘩したら赦しなさいと教えます。兄弟喧嘩したら必ず、お互いに『ごめんなさい』『赦してあげる』と言わせることですね」

小さいうちから、ききわけのいい、我慢できる子にしつけることが大事だという母親もいる。「オムツを換えるときバタバタさせないこと」と一人が言った。食事の前後の黙祷で、両手を組んでじっとしているように教える、という親もいた。

一人の祖母は、「子供用の椅子に座るより前から、抱っこのうちからしつけないと駄目だね」と言う。六人の子供が一切れのアップルパイを狙っているような大家族では、キッチン・テーブルのまわりは譲りあい、赦しあうことを学ぶ格好の場だろう。

人に譲ることの大切さは、合唱を通しても教えられる。クリスマスになると、西ニッケル・マインズ校ではよく、『ジングル・ベル』の節で『ジョイ』という歌を合唱する。それはこんな歌詞である。

「ジョイ、ジョイ／ジョイ・フォー・ジョイ／ジーザス・ファースト（イエス様が最初）／ユアセルフ・ラスト（あなたは最後）／アンド・アザーズ・イン・ビトウィーン（他の人はまんなかに）」

とはいえ、譲る習慣、赦す習慣は、大部分が文化浸透によって身につくものであって、あらたまった教育より、物語とか具体的な事柄を通じて学ぶほうが多い。教育関係者がときに「隠れたカリキュラム」と呼ぶ、言語化されないものも含め、日常生活で示される手本を通じて価値観が身についていく。

あるアーミッシュ雑誌で、一人の執筆者が回想する子供時代の経験も、隠れたカリキュラムに当たるだろう。[後注1]

「成長するにつれ、自分より他の人のことを先に考えられるようになっていったが、そのお手本を示してくれたのは両親だ」と筆者は書く。「父母は、いつも自分より他の人がいい目にあえるよう心がけていた」。神の御加護によって、「次世代の子供たちにも、（このような態度を）伝えていきたいものだ」

自己否定

権威に従うよう子供に教えることは、赦しの実践につながる第一歩だ。我々が聞いた話のほとんどは、そのことを示唆している。教会の集合知や権威を受容することは、コミュニティで生きる上で最重要な課題である。個人の権利が重んじられ、称揚される米国の主流文化と対照的に、アーミッシュの文化では、個人よりコミュニティが上位にあることが強調される。

家具職人のモーズは、つぎのように説明した。

「私たちの生活で一番大事なものは、ウフガヴァ、つまり自分を捨てて、神のご意志を受け入れることですよ。アーミッシュであることの最大の意義はここにあります」

ある若い母親がこう補足する。

「ウフガヴァというのは、なんでも自分を優先させたがる態度の反対を言うの。自分の意志を捨てるということです」

エイモス牧師は、自己否定と自己肯定の間にある緊張のことを話した。

「二つの力が戦うようなものです。［コミュニティの権威を受容するために］自分を捨てるには葛藤が伴いますからね」

さらに、アーミッシュと他の宗派を比べてこう言う。

「自分を捨てることを教えない［そういう決まりをもたない］宗派も多いです。誰もが好きなことをし、何も諦めない。でも私たちにとっては、自分を捨てることは生活の基本なんですよ」

大方の米国人、豊富な選択肢を謳歌する人たちは、それが生活の基本といわれてもピンとこないだろう。しかしエイモスは、「自分を捨てるように教えられて育った」ことを感謝している。

「主の祈り」が赦しを動機づけ、殉教の歴史がそれを奨励するとしたら、ウフガヴァは、生きる態度としての、もっと広い意味の赦しをいう言葉なのだろう。ニッケル・マインズで亡くなったある少女の父親は、赦しとウフガヴァを直結させる言い方をした。

「赦しとは、復讐する権利を放棄することです」

ウフガヴァの精神がアーミッシュの生活を下支えし、彼らを何世代も生き延びさせてきた。アーミッシュの若者は、一〇代終わりから二〇代初めにかけて、教会に加わるかどうかの重大な決断をする。この決断を自らの意志で行わせることは、アーミッシュの神学の中核をなしている。教会への参加を決めた者は、謙虚になって洗礼を受けねばならない。神と会衆の前にひざまずき、イエス・キリストに仕え、オードヌングを生涯守り通す、つまり、個人の願望を教会の権威の下に置くことを誓うのである。

大多数のアーミッシュ・コミュニティでは、新成人の九〇パーセント以上が、罪と悪魔と現世とに背を向け、教会に加わる誓約を行う。洗礼を受け、教会の一員になるという決断を下すことは、神と教会のもとに自己を永久に放棄する、究極のウフガヴァである。

聖餐式の準備

年二回、春と秋にある聖餐節で、アーミッシュの教会メンバーとなった者たちは、教会の権威への服従を新たに誓い直す。一カ月続く聖餐節には日曜が四回あり、最後の日曜日に聖餐式が行われる。その日、八時間続く礼拝では、会衆が説教に耳を傾け、イエス・キリストの死を模したパンを食べ、ワインを飲む儀式を行う。そして、「ヨハネ伝」第一三章第一四節でイエスが命じたとおり、慎ましき僕である証として、互いの足を洗いあう。

「聖餐式ほど清らかで神聖なものはありません」とシルヴィアは言う。

プロテスタントとカトリックのほとんどが、聖餐式を、人が神の前に立つ儀式と考えているのに対し、アーミッシュの聖餐式はもう少し深い意味合いがある。彼らの聖餐式とは、基本的に、神に仕える集団である教会が一つにまとまったことを祝う式典なのである。そのため、聖餐節の間は、互いに赦しあい、教区民が心を一つにするという、神とともに生きる上で欠かせないと考えられている課題が重視されるのだ。

聖餐節の二つ目の日曜、つまり聖餐式の二週間前に行われる礼拝は、「協議集会（Council Meeting）*」と呼ばれている。これは、同じ杯からワインを飲み、同じパンから切り分けて食べ、互いの足を洗う聖餐式を迎える準備の始まりを告げる大事な礼拝だ。協議集会では牧師が、コミュニティが一体となって聖餐を祝えるよう、罪を犯した者を赦しあい、恨みを捨てなさいと諭す。

このとき最も重視される聖書の箇所は、三五節からなる「マタイ伝」第一八章。冒頭(第一―一四節)ではまず、イエスが弟子たちに、心を入れ替えて子供のようにならなければ、決して天の国に入ることはできない(「マタイ伝」第一八章第三節)と教える。我々がインタビューしたアーミッシュの監督は、皆、この部分を強調する。クリスチャンにとって最も大事な美徳は慎ましさである、という信念を説明するとき、彼らはよくここを引用する。

これに続き(第一五―一七節)、イエスは、教会内での争いを解決する四段階の手続きを説く。第一に、罪を犯された者は、罪を犯した者に、二人だけのところで忠告する。つぎに、それが聞き入れられない、つまり和解に至らなかったときは、自分のほかに二人か三人を連れて、再び罪を犯した者のところへ行く。それでも聞き入れられなければ、こんどは教会に申し出て、会衆の前で罪を犯した者を譴責してもらう。それでもその者が悔悛の念を示さなければ、教会がイエスの名において、その者を「異教徒」とみなし、信者の共同体から排除する。「マタイ伝」第一八章のこの部分を、アーミッシュがどう実生活に適用しているかは、本書の一一章で詳しく見ていきたい。

「赦しは〈一貫して〉協議集会のテーマです」と、イーライ監督は言う。教会の指導者たちも、他の手本となるように、まず、私の過ちを赦して下さい、間違いがあれば教えて下さい、と会衆にお願いする。そうしておいてから、キリストの愛において一切の罪を赦すよう会衆に促すのだ。

ある指導者は、非アーミッシュの者にも通じるたとえを使い、こう言った。

「協議集会が執拗に赦しを促すのは、インターネットの検索エンジンで、赦されていない出来事を拾い出すのに似ていますね」

年二回の協議集会は、形式的な儀礼などではない。きわめて真剣な取り組みであり、教区によっては、メンバーの結束が確認されるまでは聖餐式を何週間か、ときには数カ月も先送りすることがあるほどである。聖餐式の延期はいろいろな原因で起こるが、オードヌングの細部を巡る不一致、反抗的なメンバーへの懲戒を巡る意見の対立はその例である。

＊各教区は隔週の日曜に礼拝を行うので、聖餐節の第一、第三日曜日は「オフ、つまり礼拝のない日曜日」になる。最初のオフの日曜には、アーミッシュの各家では、協議集会に備えて「マタイ伝」第一八章を、次のオフの日曜（第三日曜日）には、聖餐式に備えて聖書の各章節が読まれる。

しかし、対立がそれほど深刻でなければ、聖餐式を遅らせるようなことは滅多にしない。一、二のメンバーだけが異議を唱えているなら、彼らを礼拝には出席させても聖餐式からは除き、他の者たちだけで式に臨めるようにする。ただし、目標はあくまでも、全員が一体となって聖餐式を行うことである。

協議集会は、会衆がキリストの重い教えを胸にとどめ、指導者から互いに赦しあい、恨みを捨てなさいと促されて、深い反省を求められる機会である。二週間後に迫った聖餐式に心を一つにして臨むには、神と教会のために自己を完全に放棄し、互いの罪を告白しあい、赦しあわなければならないのだ。

赦しの葛藤

これほど赦しが教えられ、語られるアーミッシュ・コミュニティでも、外の世界と同様、現実が理想に追いつかないことはある。半径一マイル内に教区民が寄り集まるコミュニティでは、これはなかなか困ったことでもある。関係が濃密なメンバーどうしは、互いの欠点やルール違反を知り尽くしている。しかも礼拝は全員参加で、特定の相手を避けることが適わない。なにしろアーミッシュのなかには、生まれた教区から生涯離れず、ほぼ同じ顔触れの日曜礼拝に出続ける人もいるのだから。

　濃密なコミュニティでは、些細な争いごとにも関心が集まり、そのぶん不満もくすぶりやすい。あるアーミッシュの商店主は、自殺した義父を赦したときのことをこう語っている。

「義父を赦すのは本当に難しかったですよ。でも、家族全員で赦さなくちゃいけなかった。それ以外に道はなく、結局、皆が義父を赦しました。そうしたら、心が軽くなりましたね。心が癒され、気持ちが前向きになったんです。赦さずにいたら、それは無理だったでしょう」

「大きな罪は簡単に赦せるけれど、些細な出来事がどうしても駄目、ということもあるよ」

　広いキッチンに山と積まれたアーミッシュ新聞に囲まれて、祖父のモーズが言った。

「私たちも、小さな恨みごとを抱えている」と一人の牧師も言う。「ロバーツはすぐ赦せたけれど、隣の人［アーミッシュ］には、いつもそうできるわけじゃないんだ」

「アーミッシュにも、赦すのに難儀する連中はいる」と隠居した一人の農夫は言う。「赦しは闘いだよ。人を赦すというのは難しいことだ。でも、赦さなければ赦してもらえない。だから、どんなに辛くても赦そうと、一生懸命になるのさ。私たちも人間だからね」

同じような言葉を、他のアーミッシュからも何度となく聞かされた。

「赦そうと思ってはいますが、私たちも人間ですから」

乱射事件で娘を失った一人の母親も、赦しは葛藤の連続だと言う。

「時間が経てば自然と赦せるようになる。でも、最初は意志が必要なんです。だから、赦したつもりでいても、後で恨みが蘇ることもあります。そのときは、また初めから赦し直すしかありません」

アーミッシュの生活や教会での〈現実〉を聞くと、うまくいかないケースも多いようだ。一人の男性は言った。「義兄はある人に恨みを抱いていて……どうしてもそれを捨てられないんだよ」

殺された少女の一人の親にとって、いくつかの意味で、殺人犯より赦し難いのは、マスコミに情報を漏らした身内だった。赦しがうまくいかない例として、ほかに家族間の対立、夫婦の不和、遺産相続のケースなどが挙げられた。

赦しには、否が応でも現実的な葛藤が伴う。しかしアーミッシュは、メンバー間の不和が関係の断絶に発展するようなことだけは、何とか避けようとする。たとえば、毎回の礼拝前、儀礼的に交わされる挨拶は、敵対する相手がそのなかにいても、メンバーどうしの関係を維持する役目を果たしている。女性たちは輪をつくってキスをしあう。男性たちは別の輪をつくり握手を交わす。こうした儀式は、壊れそうな関係をつなぎ止めるのに役立っている。強く反目しあってはいても、「お互い口もきかなくなるようなことは、アーミッシュでは滅多にありません」とメアリーは言う。

断食と聖餐

協議集会と聖餐式の間に、断食と祈りの一日がある。聖餐直前に行われる最後の儀式で、ここでも赦しは重要なテーマになっている。協議集会で恨みを捨てるよう諭されたメンバーの多くが、この日、どうか赦す力を与えて下さいと神に祈る。

アーミッシュは、「わきまえずに飲み食いする者」（『コリントの使徒への手紙一』第一一章第二九節）、すなわち、不和を解消しないで聖餐に参加する者への使徒パウロの警告を、とても重く受け止めている。聖餐節には、このパウロの警告と先ほど見た「マタイ伝」第一八章の忠告に従うため、メンバーが仲違いしていた相手を探し、和解を求めることは珍しくない。こうして聖餐式の当日を迎えると、会衆はもう一度、協議集会のときと同じように、誰にもやましい心をもつことなく聖餐を受ける準備はできたか、と聞かれるのである。両日とも、全会一致かそれに近いよい返事がなければ、そのあとの礼拝は行えない。

聖餐の儀式は、朝八時から午後の四時まで続く。その間、決められた休憩はなく、昼食時には何人かずつまとまって礼拝場を離れ、隣の部屋で順番に食事をとる。儀式は歌と祈り、いくつかの長い説教からなる。クライマックスは、キリストの受難が語られ、パンとワインを分かちあうときだ。監督は、十字架で傷ついたイエスの身体の象徴として、ちぎったパンを一口ずつ会衆に与える。会衆はイエス・キリストの血を思いつつ、同じ杯からワインを飲む。

キリストの受難は聖餐式の全体を通じて強調され、模範として称揚される。話がパンとワインにおよぶと、監督は、一人ひとりが麦粒からパンをつくるように粉に挽かれ、ブドウからワインをつくるように潰されることの大切さを説く。ある監督はこんなふうに語った。

「もし、一粒の麦が挽かれることなくもとの粒のままなら、他と一つになれません……もし一粒のブドウが潰されることなくもとの実のままなら、他と一つになり……親しく交わることはできません」

この麦とブドウのたとえ話は、個人の意志を集団の福祉に従属させることの大切さを思い起こさせるものだ。

そして最後に、『アウスブント』のなじみの曲を歌いながらの洗足式となる。[後注2] 男女に分かれた上で二人一組になり、奉仕と慎ましさの証として、桶に入れた湯で互いの足を洗いあう。

こうして神、そして教会仲間との正しい関係が再確認され、それからの六カ月をともに生活してゆく心構えができた。聖餐と洗足式、その前から始まっている省察と和解の季節は、アーミッシュに、人を赦して、自らも赦されたいと願うことの重要性を再認識させる役目を果たしている。こうした厳粛な慣習をもつからといって、赦しが容易になったり、楽になったりするわけではない。しかし、これを経ることにより、赦しはたんなる選択を超え、永遠の希望に連なるものとなる。

第三部

PART 3

第一〇章　ニッケル・マインズの赦し

憎しみは酸のように体を蝕んでいく——アーミッシュの農夫

「過ちは人の常、赦すは神の業」——イギリスの詩人アレクサンダー・ポープのこの有名な言葉は、多くの人が赦しについて感じていることを見事に表している。後注1 善いことではあっても、実行はほとんど不可能ということだ。だから人々は、ニッケル・マインズでアーミッシュが示した赦しを見て、まるで聖人のようだと思ったのだ。地元の歯科医が、詩的洗練こそされていないものの、ポープと同じ意味のことを言った。

「あのアーミッシュの連中には恐れ入ったよ！」

アーミッシュの赦しは絶賛されたが、一方で批判もあった。赦すのは犯罪を真摯に受け止めないことだ、と言った人たちがいた。赦すのが早すぎると批判する人もいた。自然で必要な情緒的反応の抑圧だ、という声もあった。

これらの批判は重要な問題を提起する。赦しとはそもそも何か？　誰かが誰かを本当に赦したかどうか、どうすれば知りえるか？〈あなたを赦します〉という言葉だけで、赦したことになるのか、それとも、それだけでは足りないのか？　赦しを与えてよい条件があるとしたら、どんなことか？　謝罪をしていない相手―子供を撃った後で自殺してしまった男のような―を赦すことは可能なのだろうか？

赦しとは何か？

赦しは、誰でも知っている概念だ――それを定義して下さいと言われるまでは。多くのクリスチャンは、神がお赦しになるのだから、人も赦すべきだと言う。アーミッシュは、神に赦されるために、人は赦すべきであると言う。しかしいずれも、〈神学的な〉赦しの動機を述べるのみで、赦しとは何かの定義にはなっていない。

最近、ロバート・D・エンライト（訳注：ウィスコンシン大学の心理学教授、心理士。一九八五年から「ゆるし」の科学的研究を続ける）やエヴェレット・L・ワージントン・ジュニアなどの心理学者が、赦しの定義とその影響を検証している。臨床研究を行ったエンライト、ワージントンともに、赦しは与える側の「怒り、抑鬱、不安、恐怖」を軽減し、「心血管系と免疫系に好ましい影響」を与えるとの結論に至った。[後注2]　しかし、この主張のためには、赦しとはそもそも何であるか——そして、何でないかを明確にしておかなければならない。

エンライトは、著書『ゆるしの選択』（河出書房新社、原題 Forgiveness Is a Choice）で、哲学者ジョアンナ・ノース（訳注：イギリスの哲学者、作家。エンライトとの共編書 Exploring Forgiveness がある）のつぎの赦しの定義を援用している。

「他者から不当な害を受けたとき、憤る権利を否定するのではなく、加害者に憐憫、慈悲、愛を与えようと努めることを通じて加害者への憤りを克服することを赦しという」[後注3]

エンライトは、この定義に赦しの基本的な三要素が含まれている点に注目する。[後注4] 一つは、被害を真摯に受け止めること（被害を与えることは不当であり、将来も不当であり続ける）、二つ目は、被害者には「道義的にも怒る権利がある」こと、三つ目は、被害者は、赦すためには怒り憤る権利を「放棄」せねばならないこと。要するに、赦しとは、与えるに値するとは限らない「加害者への贈り物」だ。

そうなると、赦しは心理的なものであると同時に社会的なものでもある。心理的というのは、つまり、赦す側に憤りからの解放という変化が起こるからだ。社会的というのは、赦しは他者が関わるものだからである。他者、つまり加害者は、赦された結果、変わるかもしれないし、変わらないかもしれない。実際、エンライトをはじめ多くの学者は、赦しは加害者の悔悛や謝罪に依存せず、また依存すべきでもないと論じている。むしろ赦しは、加害者への否定的感情を愛と寛容に〈無条件〉に置き換える、分に過ぎた贈り物といえる。「加害者がどのようなことをしても」、加害者を「人間社会の一員として」処遇することが赦しである、とエンライトは述べる。[後注5]

反対に、これは赦しではない、というものがある。赦しの唱道者は、批判に応える目的もあって、赦しと区別すべきものを長いリストにした。悪行がなされなかったかのように振る舞うことは赦しとは違う。出来事を忘れることは赦しとは違う。容認や弁護も赦しとは違う。逆に赦しとは、「そのような不当な行為は間違っていると認め、再び繰り返すべきでないとすること」である。[後注6] 同様に、赦しは〈赦免（pardon）〉とも違う。つまり、赦しが与えられたからといって、加害者が自らの行為が招く懲罰（法的な処罰その他）を免れることにはならない。

最後に、赦しと〈和解（reconciliation）〉、すなわち関係の修復とを混同してはいけない。なぜなら、「和解には信頼関係を再生させることが必要」になるが、それは「不可能な場合もある」からだ。[後注7] 赦しは和解への扉を開くかもしれず、何らかの意味で、そのお膳立てになるが、和解しなくても犠牲者が加害者を赦すことは可能だ。たとえば、家庭内暴力の被害者が、虐待者を赦しはしても、法的手段をとって、加害者を自分から遠ざけておくケースなどが想定されよう。エンライトのような赦しの唱道者はここから、和解不能な死者を赦すことも可能であり、妥当であると主張する。

以上の考えからすると、ニッケル・マインズのアーミッシュの赦しに対する反応のなかには、誤解や、少なくとも疑わしい想定に基づくものがあった。たとえば、あるコラムニストが「アーミッシュはなぜ現実を無視するのか?」と疑問を投じたとき、彼女は、赦しの唱道者が揃って異議を申し立てる、赦しとは悪行がなかったかのように振る舞うこと、という想定に立っていた。[後注8]

英国国教会の司教N・T・ライトも、赦しを無関心と同列とみなすような考え方に異を唱える。「赦すとは、『まったく気にしていません』とか『大したことありませんよ』と言うことではない」とライトは言う。[後注9]「大いに気にするし、大したことなのだ。そうでなければ、最初から赦すことなど何もなかったことになるではないか」

アーミッシュの対応への批判には、「現実無視」という批判より、もう少し手ごわいものもあった。問題は赦したことではない、それが早すぎたことだ、と一部の評者は指摘した。早く赦しすぎると、健全な情緒が抑圧されるという声もあった。たとえばある評者は、「彼らは無垢な者の大量殺戮を前にしても、主は与えたもう、主は取りたもう、と繰り返すばかりだ」と一刀両断し、アーミッシュは嘆きを陳腐な呪文に置き換えている、と非難

した。[後注10]

しかし、事件に対してアーミッシュが抱いた感情は、とてもこんなふうに言い切れるものでなく、もっとずっと複雑なものだった。同じように、彼らが与えた赦しの贈り物は、一部の評者が思ったほど、迅速でも容易でもなかった。

アーミッシュの怒り?

害を受けたときの怒り、その他の否定的感情を抜きにして赦しを語ることには、ほとんど意味がない。アーミッシュはチャールズ・ロバーツに怒りを感じたか?　彼の家族や友人に怒りを覚えたか?　アーミッシュは怒らなかったかのような批評をした人物もいた。「恐ろしい犯罪にも冷静に対応する彼らのようにはなりたくはない」と書いた『ボストン・グローブ』のジェフ・ジャコビーである。「我々のなかに、子供が虐殺されても誰も怒らないような社会に住みたいと本気で思っている者が、どれだけいるだろう?[後注11]」

ジャコビーの批判はひときわ烈しかったが、このような考えをもったのは彼だけではない。彼が指弾したアーミッシュの温厚な対応も、決して空想ではなかった。乱射事件から二日目の水曜の朝、娘を失った何家族かの近所に住むメノナイトの看護助産士リタ・ローズが、NBC「トゥデイズ・ショー」で、犠牲者の母親の一人はもうロバーツを赦している、と話していたのだ。

「彼女は犯人を全然恨んでいません。夕べ［火曜日の晩］も怒ってはいませんでした」[後注12]

ジョージタウンに住むあるアーミッシュの女性はこう語っている。

「消防署や葬儀や埋葬で、もし皆が怒っていたらと思うとぞっとします。〈怒らない〉ようにしていたわけではないんです。深く傷ついて、悲しくて、お別れで涙を流して、怒る気持ちがどこかへ行ってしまっただけ。怒りより愛のほうが強かったんです」

乱射事件で最悪の被害を受けた家族も、怒りをまったく覚えなかったのだろうか？我々が行った若干のインタビューからすると、あるいはそうだったかもしれない。

「怒りを感じたことは一度もありません」と殺された少女の父親は言った。「辛いのはもちろんですが、誰も恨んでなどいません。殺人犯も、彼の家族も」

この父親が読んだある新聞記事に、子供が殺されてからずっと「憎しみの言葉を吐いてきた」非アーミッシュの家族のことが書かれていたそうだ。しかし、その子の両親も最後には「怒りは誰のためにもならず、怒りを抱え続ける者を一層みじめな気持ちにするだけだ」と気がついたのだという。

しかし、別にインタビューしたアーミッシュたちは、事件直後から数カ月の間、怒りを感じていたと答えた。ただし、憤慨の対象は殺人犯ではないことが多かった。たとえばシルビアは、最年少の犠牲者ナオミ・ローズと最後の対面をしたときの怒りを、こう語った。「あの子は、それはきれいでした。そのとき怒りが湧いてきたの。チャールズに対してではなく、あの子の死、あの子を死なせた悪にね」

彼女の夫もそうだった。「悪への怒りはあります。罪がもたらす悪が、こんなに人を苦しめることに」。夫妻はさらに、事件から数カ月経ったあるとき、夫が、店の道具の手入れをさぼった息子を叱った話をした。

「あなたはひどく怒っていたわね。一〇月二日のせいじゃないかしら」と妻が言った。

「最近、前より怒りっぽいけど、きっとあの事件のせいで気持ちが高ぶっているんだと思うわ」

彼女たちの意見は、心理学者が転位と呼ぶ、感情を別の目標に転じるメカニズムを暗示する。アーミッシュに限らず、一般に見られる防衛機構だ。彼らが言ったように、アーミッシュも怒るが、その怒りは他に転位したり、抑制されがちだ。インタビューしたアーミッシュのなかには、罪とそれを犯した人物を切り離して考えていない人もいた。しかし、大方の米国人が憤激する場合と比べ、アーミッシュの怒りは常に慎重にコントロールされている。さらに、怒りはアーミッシュ特有の言い回しで表現される。たとえば一人の年長者は、銃撃犯を〈悪〈evil〉〉という言葉で形容するのを避け、「彼はむしろ悪に打ち負かされたんだ」と、怒りの色をまったく見せず、穏やかに言った。「悪魔、悪に打ち負かされたんであって、悪人だったわけではないよ」

心理学者の積年の観察によれば、情緒的体験とその表現は、いずれも文化的条件づけによって形づくられる。怒りも例外ではない。「人間はそれぞれの文化に応じて怒り、［怒りを］解釈する」と、エリック・シラエフとデヴィッド・レヴィは『異文化間心理学〈Cross-Cultural Psychology〉』で書いている。[後注13]

個人の自由を犠牲にしてまでコミュニティの目標やアイデンティティを重視する集団主義の文化では、怒りは「社会から遊離した感情とみなされる」ゆえに、よしとされない。これに対し、個人主義の社会では、人々は「他の人たちの独立と自己を表現する権利を認める」から、怒りへの耐性がずっと低い。この見解は、アーミッシュのコミュニティでは情緒的反応が穏やかすぎる、と一部の部外者が感じた理由も説明している。アーミッシュの抑制のきいた情緒的反応も、彼らの文化的な規範に沿って判断するなら、不自然でも不適切でもないということである。

不自然か自然かはさておき、ニッケル・マインズ事件で見られた感情の抑制は、怒りに対する彼らの通念を反映したものといえる。アーミッシュにとって、怒りは危険な感情なのだ。あるアーミッシュ雑誌に連載された怒りに関するエッセイには、「危険地帯」と書いた菱形の警告マークまで描かれている。[後注14]ここからは、怒りは危いということは伝わる。しかし、怒ってもいいのかどうかはわからない。

　インタビューしたアーミッシュの誰もが、怒ることが「ある」と言ったが、怒っても「いい」のか、という質問への答えはまちまちだった。メアリーは、「怒ることは悪いことじゃないわ」と言う。これは、一部のアーミッシュ・コミュニティで広く配付されている『怒りを捨てる（Putting Off Anger）』という冊子でも支持されている。著者であるジョン・コブレンツは、怒りは「人の経験の一部をなす」不随意の感情だと述べる。[後注15]イエスにモーゼ、その他、聖書の登場人物も怒っていることを指摘した後、聖書が禁じているのは「怒りに触発された破壊的な言葉や行動」であって、怒りそのものではないというわけだ。

　しかし、我々がインタビューしたアーミッシュには、もっと厳しい人もいた。「山上の説教」をアーミッシュ流に字義どおり解釈するイーライ監督は、「マタイ伝」第五章で、イエスが怒りと殺人を同列に考えていることを指摘した。

「怒るのはよくないですが、避けられるものでもない。大切なのは、恨みを抱えないことですよ」

　たしかに、怒りを巡って、アーミッシュが最も一貫して示しているのは、恨みを抱くのはよくないという考え方だろう。赦しの研究者たちはよく、害を受けたときの最初の反応である〈怒り〉と、「最初の怒りを感じ続ける」〈憤り〉を区別する[後注16]。アーミッシュも同じ区別をしていたのだ。最初の怒りが容認できるか否かについては、意見は一様ではないが、憤りや恨みを抱くことや、怒りにまかせた行動をとるのは悪いこと、という点では一致していた。シルヴィアの夫はこんなふうに言った。

「怒ってもいいんだよ。でも、馬を叩いたり、犬を蹴ったり、兄弟を殴ったりしちゃ駄目ってことさ」

ギドは、怒りを抱え込むことにはどんな問題があるか、大勢を代表してこう言った。

「恨みを一日抱えているのは、悪いことだ。二日抱えているのは、もっと悪いことだ。一年も抱えていたら、あいつ「ロバーツ」が僕の人生をコントロールしていることになる。それくらいなら、今すぐ恨みを捨てたほうがいいだろう?」

ギドの言い分はもっともだが、彼らアーミッシュも、恨みを捨てるのは簡単ではないと承知している。

「言うは易く、行うは難しですよ」とメアリーは打ち明けた。「そうしなきゃいけないってことはわかっているの。聖書にそう書いてあるし。でも現実にそういう場面になったとき、簡単に赦せるとは限らないわ」

隠居した農夫は、アーミッシュにも赦すのが苦手な人がいるということを、闘いのたとえで説明した。

「闘いだよ。赦しを拒む力と真剣に闘わないといかんのだ」

瞬時の赦し?

ニッケル・マインズのアーミッシュは、乱射事件に怒っていない、という報道がいくつかなされた。娘を失った親たちに我々がしたインタビューでも、それを裏づけるいくつかの言葉が聞かれた。しかし、事件後何カ月か経っても、まだ怒りを捨てきれていないアーミッシュもいた。殺人犯のおぞましい行為を思えば無理もないだろう。しかし、ここから重要な問題が提起される。アーミッシュは、〈本当に〉殺人犯を赦したのだろうか? マスコミにも、この点に疑問をもつ声はあった。その疑問は的を射ていたのだろうか?

ここで再び、アーミッシュ社会の集団主義的な特質に注目する必要がある。赦しの研究の大半は、個人主義に基づく方法論をとっているからだ。一人の被害者が、加害者に対し否定的感情を抱く。その後、被害者は、加害者を赦すことを選択する。これが、大半の米国人が考える赦しではないだろうか。それは、被害者が加害者に対してする何か、またはしない何かだ。現に、赦しの意味を考え抜いた末に、加害者を赦せるのは犠牲者〈だけ〉だと訴える評者もいた。

この問題は重要である。ニッケル・マインズのアーミッシュの赦しに関する我々のこの論考も、すべてアーミッシュの成人が対象だ。生き延びた子供たちから取材しようと思わなかったので、一〇月二日の恐怖に子供たちがどう反応したかは、比較的わずかなことしかわかっていない。アーミッシュの家族が、あの直後、イングリッシュのカウンセラーに、子供たちの心的外傷のケアを頼んだことは知っているが、今後、心に残った傷をどう癒していくかという課題は残されている。

「息子たちに、どう話せばいいかわからないんです」と一人の親は打ち明ける。「赦しについて、きちんと話しあったこともありません」

この告白からは、背後にある重要な真実が浮かび上がってこないだろうか。それは、チャールズ・ロバーツを赦す責任は、生徒や家族にではなくて、アーミッシュのコミュニティ全体にあるということだ。そもそも、集団主義のアーミッシュが、これほど重い罪を赦す責任を、直接の被害者だけに負わせるはずがない。直接の被害者は、ロバーツが学校で手を下した人たちだが、ニッケル・マインズのアーミッシュは、コミュニティ全体が彼の凶行により傷ついたという認識をもっている。赦しは、直接の被害者が個人的に背負い込むことではなく、コミュニティ全体の課題であることを彼らは十分わかっている。

「事件の晩、エイミー・ロバーツに会った人たちは、アーミッシュのコミュニティを代表して赦しを与えたのですか？　それともただ、自分たちの気持ちを伝えに行っただけですか？」こう聞いた我々に、モーズはきっぱり答えた。

「コミュニティを代表して行ったんです」

他のアーミッシュも同意した。

これも相互扶助の一種なのだ。映画『刑事ジョン・ブック―目撃者』を観た人なら誰もが、アーミッシュの相互扶助を強烈に示す例として、バーン・レイジングを思い浮かべるだろう。自分たちだけで建てれば数週間から数カ月もかかる大きな納屋を、何十人もが力を合わせて一気に建ててしまう習慣だ。しかし、困難な状況下での助けあいのように、もっと目に留まりにくい相互扶助の形もある。乱射事件では、チャールズ・ロバーツへの赦しの実践を助けあった。もう少し控え目にいえば、ロバーツの家族に赦す〈意図〉を伝える仕事を分担したのだ。

そろそろ最初の問いに戻ろう。ニッケル・マインズのアーミッシュは〈本当に〉ロバーツを赦したのだろうか？　一部のメディアの疑いは当たっていたのだろうか？　もし、赦しとは復讐する権利を放棄することである、という定義をとるなら、彼らは明らかにロバーツを即座に赦したといえる。もし、赦しとは憤りを克服し、愛に置き換えることだとするなら、答えは定まらない。先ほど見たように、恨みが完全に解消されてはいないからだ。それでも、彼らのコミュニティでは、ロバーツが学校に乱入するはるか以前から、赦すことは当然の義務であったから、彼らはただちに言葉による赦しを告げることができたのである。

そして、言葉による赦しの直後から、ささやかだが意義深い、さまざまな恵みの行為が続く。仲間どうしやロバーツの家族との抱擁、ロバーツの埋葬へのアーミッシュの参列、そしてロバーツ家基金への寄付。これらは当然、ロバーツに直接向けたものではなく、遺族に対するものであったが、ロバーツ自身への赦しから派生した行為だ。まず赦しの言葉をかけ、すぐに温かい思いやりのある行為を実行する——誠意のこもった言葉と行動が、恨みを徐々に優しさに置き換えていく。

以上のことは、「決意された赦し」と「心からの赦し」、という二類型に赦しを区分したエベレット・L・ワージントンの研究と合致する。「決意された赦し」は、否定的感情が残っていても、否定的行動はコントロールするという誓約である。「決意された赦し」は、ワージントンによれば、「復讐や忌避をしないという誓いであるが、それによって、相手を赦せない気持ちがしずまっていくとは限らない」[後注17]

クリスチャンであるワージントンは「決意された赦し」を、アーミッシュの赦しの概念の核心にある二つの聖句と関連づけている。「マタイ伝」第六章の「主の祈り」（「わたしたちの負い目を赦してください、わたしたちも自分に負い目のある人を赦しましたように」）と、同伝第一八章の赦さない家来のたとえである。これに対し、「心からの赦し」では、否定的感情—憤り、恨み、あるいは憎悪—が、肯定的感情に置き換えられている。[後注18]

要は、赦しには短期的な行為と長期的なプロセスの両方があるというわけだ。そして、ワージントンも指摘するように、両者は結びついている。赦そうと決意することは、感情的な変化を誘発するからだ。赦そうと決意した後も、恨みは残っているかもしれないが、感情の置き換えはその決意によって促されるだろう。

ニッケル・マインズのアーミッシュは、これは〈決意された赦し〉です、などと学術的言い回しはしないが、我々は、この用語を使うと、あの一週間に報道されたことがうまく説明できると考えている。孫娘が射殺されて二日も経たないときにインタビューされた男性は、ロバーツを赦しているかと聞かれ、「心の中では」と短く答えた。孫を失った祖父は、この一言に、彼らの教会の歴史と精神の深いところでなされた誓約、神の期待に応えるという決意をこめたのである。

しかし、決意は第一歩にすぎない。

「家族たちはこれから長く、赦しに取り組んでいくことになるでしょうね。何度でも赦し、何度でも［失ったものを］受け入れなければいけないでしょう」

そう我々に語る牧師のギド自身、憤りの気持ちと闘っている最中だった。それは一二歳の息子が最近、武装した男が家に乱入する夢を見たのがきっかけだ。この悪夢を聞かされたとき、「また事件への怒りが湧いた」とギドは打ち明けた。「またロバーツを赦し直さなくてはなりません」

妻もうなずく。

「いくら赦してもそれで終わりということはなく、何度でも赦さなくてはいけないのよ」

アーミッシュの赦しの理解は、臨床研究とは違い、彼ら自身の経験と聖書の教えに基づくものだ。イエスがペトロに対し、兄弟を七の七〇倍まで赦しなさいと教えたことに触発されたあるアーミッシュは、雑誌『ファミリー・ライフ』で、「繰り返し、いつまでも」加害者を赦し続けることを読者に勧めている。[後注19] そうしてこそ、「家族、教会、コミュニティ、そして我々自身をも損ないかねない、壊れた関係」が修復される、とこの筆者は結んでいる。

殺人犯の家族を「赦す」ということ

第四章で詳しく述べたように、アーミッシュは殺人犯本人だけでなく、その家族にも、事件後数日内に赦しを与えた。当時、そのことを批評した人たちと同様、我々もこれには戸惑いを感じた。家族は事件に責任がないし、むしろ彼らもロバーツのとった行為の被害者といえる。少女たちが受けた被害とは性質が異なるとはいえ、彼らにも被害はおよんだのだ。その後、彼の妻が、「家族を赦す」という記事を見たときに少し悔しさを感じていたことも知った。彼女の友人の一人は、我々にこう話している。「彼女には何の罪もないんですよ。彼女も犠牲者の一人で、誰にも悪いことをしていません」

アーミッシュがロバーツの家族を赦したことには、どんな意味があるのかを考えてみたい。第一に、一部のアーミッシュは、殺人犯に伝えたかったすべてのことを一言で表す言葉として、赦しという表現を使ったのではないか。ロバーツが死んだため、本来なら彼に告げるべきであった赦しの一部を家族、つまり本人の代理に受けてもらったのではないだろうか。

第二に、アーミッシュの多くは、ロバーツの家族は身内のしたことに恥じ入っていると考えたのではないか。殺された子供の親の一人は、こう語っていた。「殺人犯の両親は、私の一〇倍も辛いでしょう。自分の子供が人を殺したのだから最悪の心境だろうと思います」

つまり、一部の人々は、「お気の毒です」という意味合いで〈あなたを赦します〉と言ったのかもしれない。だとすれば、〈あなたを赦します〉は、ともに学校乱射事件の被害者でありながら、死別の悲しみに加えて、恥も忍ばなければならない家族への二重の同情表現だった、ということになる。

しかし、近隣のアーミッシュがロバーツの家族を赦したことには、さらにもう一つメッセージがこめられている。そして、我々はここにこそ、彼らの赦しの最大の意味があると思っている。

〈あなた方の身内は私たちの子供に悪事を働きましたが、私たちはあなた方を恨まないよう最善を尽くします〉

厳密にいえば、赦しという贈り物は、悪事を働いた当人以外に渡しようがない。しかし、これまで見てきたように、最も広く理解されている赦しの意味は—アーミッシュ、非アーミッシュを問わず—恨みを捨てるということだ。大きな悲劇が、どんなに早く恨みを育て、恨みに駆られた人が、どれほど簡単にスケープゴートを見つけるか。それを考えたとき、ロバーツ家への赦しの贈り物は、恨みはもちません、というアーミッシュ流のメッセージだったことに思い至るのである。

つまり、ロバーツ家へのアーミッシュの対応は、人間関係への配慮なのである。ランカスター郡南部の小さな町で、ロバーツ家とアーミッシュは、二〇〇六年の事件のずっと前から良好な関係にあった。〈あなたを赦します〉という言葉は、ロバーツ家に対し、この恐ろしい出来事にもかかわらず、アーミッシュのコミュニティはこれまでどおりの関係を保ち、犯人の家族に怒りを向けたりはしません、という約束だった。その約束が本当に履行されたかどうかわかるのはまだ先だろうけれども、言葉に続いて示された数々の恵みの行為から、多くのアーミッシュが、そうしようと懸命に努めているのが伝わってくる。

自尊心を巡る問題

アーミッシュの赦しについての最後の考察は、ニッケル・マインズの出来事からも、アーミッシュからも、大きく離れる。一部の評者は、赦しとは感傷の衣をまとった自己嫌悪ではないかと述べている。たとえば、ジェフリー・G・マーフィーは、復讐心はなるほど危険な情念ではあるが、「酷評」されすぎだと主張する。[後注20] 彼によれば、ある種の復讐心は自尊心の健全さを表している。

この批判は、赦しの核心を突いている。赦しがもし、感じて当然の怒りを捨てることであるなら、赦しとは、すなわち自己否定である。このとき、マーフィーが提起する問いは、こう反問できる。赦しを与える者に、自己否定による情緒的害がおよぶのは、どんな場合なのか？　この問題は複雑で、すっかり答えるには紙幅が足りない。ここでは、マーフィーの批判は重要であり、自己否定では悪への対処として不適切な場合もある、という彼の意見に我々も同意するとだけ言い添えておきたい。

アーミッシュの教会による赦しの理解が、悲しい結果をもたらし、犠牲者の苦痛を増大させてしまったケースも実際あるのだ。二〇〇五年、雑誌『リーガル・アフェアーズ（Legal Affairs）』に、アーミッシュの一部のコミュニティにおける性的虐待が報告された。[後注21] 主に少女が父親や兄弟から受けたもので、著者ナディア・ラビは、虐待の詳細に加え、アーミッシュの教会指導者たちがこれに対しとった行為と、多くがそうだったのだが、怠慢についても報告した。ラビはとりわけ、指導者たちが虐待者を進んで「赦す」ことを問題にしたが、この場合の赦しとは、つまり、自らの罪を認め、悔悛の言葉を述べた犯罪者を赦免することである。このようなケースでは、アーミッシュの「赦して忘れる倫理」が、しばしば虐待行為の継続を可能にさせている、とラビは指摘する。

アーミッシュの教会内の懲罰手続きについては、第一一章で詳しく見ていくが、理想をいえば、教会が放埒な行動を罰し、制止すべきだろう。現実には、アーミッシュの懲罰手続きは、アルコール乱用や性的虐待を生むような常習的行動に効果がないことがままある。その上、一部のアーミッシュの指導者は不法行為を外部の当局に通報したがらない。女性は教会の権威に服従するよう教えられ、報復を考えると自ら警察に連絡することもできない。このような状況では、悪事を働いても罰せられずにすんでしまい、再びそれを繰り返す恐れがある。しかも教会が悔悛した罪人を赦免する決定は、教区民全体の承認を得た上で下されるので、犠牲者は大変な重圧のもとに苦痛に耐えて生きていかねばならないことがある。*

赦しの強制による問題は、無論、アーミッシュに限定されない。パメラ・クーパー‐ホワイトは、著書『タマールの叫び（The Cry of Tamar）』で、キリスト教会に広く見られる、性的虐待の加害者をいち早く赦そうとするあまり、被害者を抑圧する傾向を告発する。「たいていの場合、虐待から逃れた女性は、赦しを強制する牧師や善意の支援者から、も

＊近年、一部のアーミッシュ・コミュニティは、家庭内暴力や性的虐待の問題に対処するため、外部の人間の支援を得るようになっている。あるアーミッシュの出版社は、虐待の発見と報告について解説した『強い家族、安全な子供（Strong Families, Safe Children）』という冊子を九千部頒布した。社会福祉専門家の手による本書の出版は、アーミッシュのなかに、この問題に対する有効な取り組みを求める層がいることを示している。

う一度心に傷を負わされる」とクーパー－ホワイトは訴える。[後注22] そうなると、「虐待から逃れた女性が相手を赦すのが難しくなり、そのことで、自己批判や受けた虐待を恥じる気持ちが一層強化されてしまう」と彼女は言う。この傾向は、アーミッシュのように、赦しを重視するクリスチャンのコミュニティほど強い。

学校乱射事件を生き延びたアーミッシュの少女や少年は、家庭内暴力の被害者ではない。しかし、家族や教会から、まだ用意もできないうちからロバーツへの赦しを促す、同種の圧力を受けていないだろうか、と懸念する人々もいるかもしれない。我々はこの懸念に明確に答えることはできない。しかし、印象からいわせてもらえば、恐らくそういうことはなかったと思われる。

ある母親に、生き延びた子供たちはロバーツをどう思っているでしょう、と聞いたところ、彼女は「子供には、赦しとは何か教えてはいますが、無理強いはしないわ」と答え、さらにこう言った。

「赦しを強いることはできないのよ。ゆっくり時間をかけないとね」

イングリッシュのカウンセラーと話をしたためかどうかはわからないが、この女性は、主流派心理学の、虐待被害者、とくに子供をケアする者は、用意ができるまではどんな情緒的解決にも誘導してはならない、という注意を受け入れているようだった。

無論、家庭内暴力とニッケル・マインズ校乱射事件とでは、まるで状況が違うことを忘れてはならない。家庭内暴力と違い、ニッケル・マインズの凶行は、犯人が自ら命を絶つという結末をたどった。ロバーツが自殺したため、加害者と速やかに和解せよという圧力が被害者にかかっていない。事実、なぜロバーツをこんなに早く赦せるのですかと聞く我々に、もう死んでいますから、と答えたアーミッシュもいた。

　ではこの迅速な赦しに、自己否定の要素はあるだろうか？　当然あるだろう。赦すとは、もって当然の感情を放棄することだから。それでも我々は、アーミッシュが乱射事件に憤る権利を自ら捨てることは、自己否定には当たらないと考えている。その逆なのだ。

　スタンフォード大学赦し研究事業の代表フレッド・ラスキンは、著書『「あの人のせいで……」をやめると人生はすべてうまくいく！』（ダイヤモンド社、原題 Forgive for Good）で、赦しには、「自らつくる物語のなかで、自分を被害者ではなくヒーローにする」意味があると書いている。[後注23] そうかもしれない。しかし、チャールズ・ロバーツへの赦しを語るアーミッシュからは、ヒロイズムじみた言葉は何一つ聞かれなかった。クリスチャンの生活についての彼らの考えには、たしかに、ラスキンの主張に沿うものも認められる。アーミッシュにとって、赦すことは殉教者、さらには神の側に身を置くこと、精神的な英雄行為であるからだ。しかし、だからといって、すでに述べたようにニッケル・マインズのアーミッシュにとって、赦しはその場限りの容易なものではない。大方の米国人よりは容易かもしれないが、真の赦しには、辛い気持ちを飲み込み、加害者に情けをかけ、恨みを捨てるという大変な作業が伴い、これは最初に赦す決意をした〈後も〉ずっと続く。アーミッシュも、これを乗り越えねばならないのは同じ。ただ一つ、彼らに大方の人と違う点があるとしたら、それは、彼らには、敵を愛し、加害者を赦すよう教えてきた三〇〇年の伝統があるということだ。赦しの実践に心を砕いてきた父祖をもつアーミッシュは、はるか前からスタートを切っている。そして彼らは、バーン・レイジング同様、赦しの辛苦も皆で助けあえば軽くなることを知っている。

第一一章　シャニング（忌避）への疑問

シャニングは野蛮だと言う外部の人もいます――アーミッシュの大工

ニッケル・マインズの赦しが絶賛される陰で、アーミッシュのライフスタイルには明らかな矛盾があると考えた人もいた。

「赦し――それは相手を選ぶ」。これは事件四日後のある新聞社説だ。この筆者は、外部の人間と結婚するため、アーミッシュのコミュニティを離れる決心をした一女性が、自分の家族や友人から追放された話を紹介し、「彼らは恐ろしい殺人者は赦しても、イングリッシュの男を愛した女性を赦さないのだ」と批判した。そして、辛辣な問いを発している。

「彼女への赦しはどうなっている？[後注1]」

この問題はきちんと考えておく必要がある。多くの非アーミッシュが、アーミッシュが彼らのコミュニティ内部の違反者を指弾するシャニングの慣習に首をかしげている。あんなに寛容なアーミッシュが、なぜ、自分たちの仲間にはこれほど厳しいのだろうか？　その答えは、〈赦し〉と〈赦免〉の違いにある。

アーミッシュのコミュニティでも外の世界でも、赦しは、加害者による罪の告白、謝罪、悔悛によって左右されない。加害者を被害者が赦すという〈無条件の〉贈り物である。これに対し、赦免は、少なくともキリスト教の伝統では悔い改めが前提となる。アーミッシュは、教会は、教区民に洗礼の誓いを守らせる責任を神に対して負っている、と考えている。誰かがオードヌング、つまり教会の規則を破った場合、そのメンバーにはまず、何度かの悔い改めのチャンスが与えられる。このとき罪を告白し、懲罰を受け入れれば、その者は教会から赦免され、元通り復帰できる。しかし、罪を告白しなければ、アーミッシュは、新約聖書にある言葉に従い、罪を犯した者が元通り復帰できることを目標に置いて、シャニング〔忌避〕に踏み切る。シャニングは一見、赦しと矛盾するようだが、信仰面のケアに対するアーミッシュのものの考え方と、論理的には整合性がある。

教区民会議と赦免

アーミッシュの各教区は、年二回の協議集会のほかにも、日曜礼拝後に定期的な教区民会議を開く。教区民会議も赦しを奨励するが、ここでの主な議題は道を外れたメンバーの赦免。罪を告白して教会の懲罰を受けるなら、教区民はそのメンバーを再び仲間として認める。無条件に与えられる赦しと違い、赦免は告白と懲罰が条件だ。教区民会議は、罪を犯しても悔悛すれば仲間に復帰させる権限をもつ教会の立場を明確に示すものだ。「マタイ伝」第一八章第一八―二〇節に基づいて、アーミッシュは、赦免の決定を下すことも教会の主要な責務の一つと考える。この権限はいくつかの意味で、罪を犯しても悔い改めた者は赦免、つまり〈罪を取り消す（absolve）〉ことのできるローマ・カトリックの司祭の権限と似ている。

アーミッシュは、「マタイ伝」第一八章により、教会は、宗教に関わる問題について、拘束力ある決定を行う権限をゆだねられていると考える。現世のメンバーに関する教会の決定は、天上からも承認されている。教会の決定は聖なるものという考えは、同章第二〇節のイエスの言葉に由来する。

「二人または三人がわたしの名によって集まるところには、わたしもその中にいるのである」

第一八―二〇節がアナバプテストに重視される点について、歴史家C・アーノルド・スナイダーは、キリストの居場所でもたれる集会（Gathered Church）こそが唯一の聖なるもの、というアナバプテストの伝統的理念を紹介している。[後注2]

約三〇世帯で一つの教区をつくるアーミッシュの教区民会議に道徳的権威をもたせているのは、この理念である。

アーミッシュの普段の生活は、二つの次元をもつ道徳的秩序に縛られている。一つは直接、聖書に由来するもので、嘘をつくこと、人を欺くこと、離縁すること、姦淫することは禁止されている——あるアーミッシュの歴史家によれば、「馬を叩くことも旧約聖書で禁じられている」。もう一つは、間接的に聖書に由来するもので、そこにある原理が日常生活に合わせて解釈され、応用されている。たとえば衣服、テクノロジー、余暇活動などに関するオードヌングには、「世俗からの離脱」という原理への教会の認識が反映されることになる。教会がメンバーに懲罰を加えるのは、聖書の教えに直接違反した場合、たとえば姦通であるとか、オードヌングで禁止されているはずの車の購入、流行の衣服の着用などがなされた場合だ。

アーミッシュは、教区民会議を厳粛に受け止めるが、彼らの多くは、教会もときに過ちを犯すことは認める。教会といえども人の集まりである以上、罪を免れない。それでも、神の意志を地上で実践しようと真剣に努めていると考えるのだ。オードヌングへの違反は常に罪とされるが、それはオードヌングが完全であるとか、神意を正確に再現させているからではない。オードヌングからの逸脱が罪になるのは、自分本位と反抗、つまり不従順な心の現れであるからなのだ。

アーミッシュにとってのオードヌングは、ある意味、運動選手にとってのユニフォームと似ている。特定のユニフォームを着れば技術が向上したり、実戦で好プレーができるわけではないが、チーム全員が相手と違うユニフォームを着ることは、混乱を避けるために不可欠だ。勝つために必要でなくても、選手は着用せざるをえない。ユニフォームによる区別を全員が尊重することが求められているからである。同様に、アーミッシュも、オードヌングを神の掟と同列のものとは思っていない。違反者が犯した罪は、禁止品目（たとえばテレビ）の所持そのものではなく、オードヌングを軽んじる自分本位の態度にある。

エイモス牧師は言う。

「部外者にはこれは通じないでしょう。彼らは、車をもつことのどこが悪いのか、と言います。いえ、どこも悪くないんですよ。ただ、それは諦めなさいというだけのことです。肝心なのは〈そこ〉なんです」

ある監督はこう説明する。

「車が不道徳だというわけではありません。問題は、それが次の世代に何をもたらすかです」

アーミッシュが、聖書ではっきり禁じられてもいない事物を断念するのを知ると、信仰の篤い人もたいてい驚くのではないだろうか。部外者の多くは、オードヌングの禁止事項のあるものは、自由な発想の現れにすぎず、自分本位ではない、健全な個性の発露であって、罪ではないと思うのではないか。この認識の相違は、アーミッシュの文化と米国の主流な価値観を隔てる深い溝からくるものだ。大多数のアーミッシュにとっては、オードヌングが何を禁止するかは、実はそれほど重要な問題ではない。禁止内容が翌年変わってもそれはそれでいい。肝心なのは、従順と不従順の区別を知ることで、教会の無謬性を守ることではないのである。

教区民会議では、教会のもつ権威がいろいろな形で発揮される。オードヌングに背いたメンバーが、ここで罪を告白することもあれば、告白を拒み、一人の言葉を借りれば、「召喚」されたメンバーが違反行為の釈明をさせられることもある。告白を行い、教会の懲罰を受け入れた違反者は赦免され、会衆の全員投票でコミュニティへの復帰が決まる。その反対に、悔悛せず、神とコミュニティに身をゆだねない違反者には、破門の決定が下されることがある。

教区民会議での率直な議論や拘束力のある決定は、厳重な秘密とされている。教区民は牧師から〈赦して忘れる（fuhgevva und fuhgessa）〉（正確にいえば、赦免したら忘れる）よう促され、他のメンバーの秘密の告白を他言したり、その噂を広めることは禁じられる。

「〈赦して忘れる〉というのは、過去のことは水に流し、二度と持ち出さないということですよ」と一人が説明する。あるアーミッシュの歴史家は、「告白した罪をもとに人を責めてはいけない。その罪はもう消えているのだから」と述べている。

万一、会議の内容を漏らしてしまったメンバーがいたら、その人物は秘密を暴いた罪を問責されることになる。

すでに述べたように、教区民会議による赦免は、個人が恨みや敵意を捨てる赦しとは異なる。〈赦して忘れる〉も、会議の秘密を守るためのキーワードで、忌まわしい被害体験は忘れなさいとか、一切の感情を抑えなさいという意味はもたない。西ニッケル・マインズ校乱射事件についても、あれを忘れるアーミッシュはいないし、忘れることを求められてもいない。我々がインタビューしたアーミッシュは皆、その点に同意する。もう一ついえば、あの事件は部外者が起こしたものだから、教区民会議で取り上げる罪とはそもそも範疇が異なっている。仮にチャールズ・ロバーツがあの日、自殺していなかったとしても、彼がアーミッシュでない以上、アーミッシュには、彼を罰する権限も、赦免する権限もないのだ。

アナバプテストが教会について重視するのは、メンバーどうしが教会の集合的権威に責任をもちあうということだ。教会による赦免と懲罰は、いくつかの重要な想定に基づくものである。

第一に、アーミッシュは罪人の赦しを重視するが、それは懲罰からの解放は意味しない。「赦された者が何の報いも受けない、ということではないんです」とギド牧師は言った。

第二に、アーミッシュは、教会と外の世界との間に、精神的（霊的）な線引きをしている。教区民は、洗礼のときひざまずいてオードヌングの終生支持を誓約している。神とコミュニティの前でのこの誓いを、彼らはきわめて重く受け止める。キリストのいる場所での約束は、天上でも承認されているからだ。洗礼を受けたメンバーは、この誓約により教会の権威に従う者となる。しかし外の世界の人間は違う。

第三に、アーミッシュが信奉する「二王国論」では、教会は神の国を顕現するものとして、「現世」と異なる倫理基準で運営される。アーミッシュは「ロマ書」第一三章の解釈に基づき、神は現世の国家に、善をなす者に酬い、災いをもたらす者を罰する権限を授けたと考えている。国家は必要なら強制力や致死力すら用いて、その意志を貫徹する。一方、教会は神の王国の一部として無抵抗と非暴力を貫く。このような考えから、アーミッシュは、死刑に相当する犯罪の陪審をつとめること、兵役に就くこと、公選職に就くこと、訴訟を提起することなどをメンバーに禁じている。彼らは現世の国家に敬意を払い、その指導者のために祈るが、国が後援する活動に従事したり、武力の行使、武力による威嚇には加担できない。

チャールズ・ロバーツのような部外者が、アーミッシュに悪行を働いた場合、アーミッシュには彼を赦す義務はあるが、処罰や赦免の権限はない。それらは国の責務である。しかし、アーミッシュのメンバーが他のメンバーに悪行を働いたり、教会を傷つけたりした場合には、赦しに〈加え〉赦免も教会の責務となる。些細で私的な問題なら、教会の懲罰手続きだけですむが、法律も犯していれば、それに加えて司法の処罰も受けることになる。

洗礼の誓いを破ったメンバーには、まず、罪を告白し悔い改めるよう面と向かって諭す。一人の牧師は言う。

「誰かが過ちを犯したら、『マタイ伝』第一八章にあるように三回まで説得に行き、それで駄目だったら破門することになります」

三度の説得の段階で罪人が悔い改めれば、教会はそのメンバーを赦免し、二度とこのことは持ち出さないと約束する。実際、ほとんどのルール違反は、簡単な告白と罰、そして悔い改めの約束だけで解決されている。

しかしときに、過ちを告白する意志がなく、これを拒む者がいる。そのようなメンバーには破門が待っている。自動車を買った者がそれを売り払うことを拒み、悔悛の念を一切示さず、教会の「召喚」にも応じなかったような場合にこの処分がなされる。

破門は、カトリックと多くのプロテスタントの教会では長い歴史をもつ慣習で、ある意味、会社の方針に背いた従業員の解雇と似ている。アーミッシュの破門は教区民の投票で最終決定されるが、そこに至る前に、違反者は、悔い改めて洗礼の誓いを守るよう指導者から何度も促される。目標は常に過ちを犯した者を教会に復帰させることである。しかし、その条件として当人の悔い改めが必要なので、そこをクリアできないケースは、破門に至らざるをえない。

アーミッシュの教会は、洗礼を受け教会のメンバーとなった者と、教会に加わらない選択をした者を厳しく峻別している（洗礼と教会への参加は同時になされる）。破門やつぎに述べるシャニングの対象になりうるのは、アーミッシュの教会〈メンバー〉だけなのだ。若者は一般に、一〇代の終わりから二〇代の初めに洗礼を受けるかどうかの決断をする。教会に参加せず、コミュニティを去った者には破門やシャニングはない。

シャニング

アーミッシュは、教会への参加は一個人の霊的問題にとどまらないと考えており、教会にとどまるか離反するかは彼らの社会では重い意味をもつ。破門された者は、通常シャニングと呼ばれる恥辱を与えられる。シャニングは、破門された者にあらゆる面から関係の断絶を思い知らせ、できうれば再び仲間として呼び戻したいという思いをこめた、いろいろな辱めの儀礼を伴う。そしてこれが、多くの部外者から不寛容だといって非難される慣習なのである。

広まっている誤解に反し、シャニングは社会的な絆をすべて断ち切ってしまうわけではない。例を挙げると、破門された者は教会のメンバーと話をすることができる。しかし特定のこと、たとえば馬車に乗せてもらうとか、金銭を受け取ることは禁じられ、同じテーブルで食事をすることも禁止だ。ある農夫は言う。

「でもね、破門された奴をまったく放っておくわけじゃないよ。納屋が火事で燃えてしまったら、建て直すのを手伝いに行く。奥さんが病気になれば助けに行く……［でも］全体としては、社交の場とか、結婚式とか、学校の会議に招待することはなくなる」

教会のメンバーは、家庭内でもシャニングを実行しなければならず、それを拒めば教区での自らの立場も危うくなる。シャニングは、アーミッシュがその信仰に基づき広く受け入れる慣習ではあるが、どこまで厳密に行うかは家庭や教区によっても多少違う。

アーミッシュがシャニングの根拠として挙げるものは少なくとも四つある。[後注3] その一つは、これを裏づける章節が新約聖書に六カ所以上あること。[後注4] そのうち最も重要なのは、協議集会のつど読まれ、教会の権威を再確認させる『コリントの信徒への手紙一』第五章である。ここでは、使徒パウロが教会のメンバーに向け、主の晩餐の食卓につく前には「悪意と邪悪」の「古いパン種」をきれいに取り除きなさいと語る（第八節）。パウロはコリントの教会への警告として、邪悪な者を取り除き、その者の霊が救われるよう、「サタンに引き渡」しなさいと言っている（第五節）。

二つ目は、一七世紀前半のアナバプテストの信仰告白で、洗礼を受けるアーミッシュにも教えられる「ドルトレヒト信仰告白」の第一七章（訳注：一六三二年オランダのメノナイト派がドルトレヒトで開いた会議で決定したもの。第一七章は「離脱者のシャニングについて」である）も、この慣習を支持していること。[後注5]

三つ目として、アーミッシュ自身も、シャニングは教会の結束を維持する最も有効な方法と考えていること。イーライ監督によれば、「教会を傷つけない」ために、争いを起こしかねない反抗的で不従順な者は排除するのである。

四つ目は一番重要な根拠で、シャニングには、誓いを破ったことを当人に思い知らせ、罪を告白して教会に復帰するよう促す機能がある。破門された者は教会の敵ではなく、愛をもって接するべき兄弟姉妹なのだ、とアーミッシュの指導者はためらいなく言う。罪を告白し戻ってくるのなら彼らはいつでも歓迎される。ドルトレヒト告白にはこうある。

「彼らを敵とみなしてはならず、同胞として……自身の罪を認め、悔い改めるよう説諭して……再び神と和解し、教会に受け入れられ、愛が彼らにおよぶようにするべきである」

アーミッシュにとって、シャニングとは背教者への厳しい愛の形だ。ある年長の監督はこれを、「罪人に飲ませる薬の最後の一服。生死の境い目」と表現する。別の監督は、シャニングのない宗教は「ドアも壁もない、誰でも好き勝手に出入りできる家のようなもの」と語る。

あるアーミッシュの女性は、母親としての経験に照らし、シャニングの根本にある考えを「子供のお尻を叩くのと一緒ですよ」と言った。

「私たちは子供を愛しています。お尻を叩くときも、怒ってするわけじゃありません。シャニングもこれと同じなんです」

お尻叩きとシャニングは完全に同じではないかもしれないが、要は、アーミッシュ、健全な教会、そして善良な親は、罰を与えるにも愛をもってすべきだということだろう。親も教会も、自らの庇護下にある弱い者は守りたい。永遠の魂が危機にさらされているのだから、集団で罰を与えるのも愛の行いである、というのがアーミッシュの考えなのだ。

シャニングは厳しい形をとったキリスト教の愛、というのが教会の見解ではあるが、アーミッシュの教会指導者も、他の宗派と同様に権力の乱用をまったく免れてはいない。監督や牧師が強圧的に権威を振りかざすこともある。暴君的指導者が、破門とシャニングを報復の手段として利用することもあるかもしれない。

破門されたアーミッシュのなかには、教会に恨みをもち、シャニングを愛のない慣行だと非難する人たちもいる。しかし彼らは、いつでも戻って赦免を受けることはできる――進んで過ちを告白すればだが。

「私の兄弟に破門された者がいます」とモーズは言う。「『赦免はされていないけれど』私たちは彼を赦しています。裏口はいつも開いている。いつでも戻って来られる。でも、どうするかは彼次第です」

破門された者のほとんどは戻ってこないが、例外もある。ニッケル・マインズの恵みに感動し、どうすれば戻れるでしょう、と教会指導者に手紙で問いあわせてきた人もいたそうだ。

シャニングと赦し

外の世界には、シャニングを槍玉にあげ、アーミッシュはチャールズ・ロバーツのような犯罪者は赦すのに、自分たちの仲間には不寛容であることに疑念を抱く人もいる。彼らの赦しは凶悪な外部の者のためなのか？　あるアーミッシュの大工はこう言っていた。
「シャニングは野蛮だと言う外部の人もいます」

破門された者も赦しを受けられるのか？　この疑問を解くために再度、赦しと赦免の違いに注目したい。悪行を働いた者への憤りを捨てる赦しと、罪人を赦免することとは別のものであった。恨みを捨てるのに加害者の悔悛は必要ないのに対し、赦免の場合は悔悛が前提となる。過ちを犯した者も、罪を告白すれば、赦免され再び仲間に迎えられる。アーミッシュの教会が行っているのはまさにそういうことだ。

このような赦しと赦免の違いを踏まえれば、「破門された者も赦しを受けられるのか？」という先ほどの疑問への彼らの答えは自ずとはっきりしてこよう。赦しは「恨みを抱えないこと」だと言うギドは、慎重に留保をつけた上で、受けられます、と答えた。彼らも赦されるし、赦されるべきだ。しかし、皆が理想どおりに振る舞えるとは限らない。

「シャニングの対象になった者を赦せない人もいる」と彼は言った。「でも多くの人は、シャニングをする相手を赦しています」

別のアーミッシュはこう話す。

「シャニングされる者は、赦されていないと思うでしょうが、こちらは〈本当に〉赦していますよ。でも、悔い改めるまでは罪を思い知らせないといけないのです」

モーズの説明はこうである。

「去って行く者は、努めて赦すようにしています。恨みは抱きませんよ。誰かをシャニングの対象にするのは、相手を赦せないからじゃなく、相手の［教会との関係における］立場を思い出させるためですよ」

ある指導者は、裁きの必要性―悔い改めないメンバーを赦免しない理由―についてこんなふうに話した。

「部外者は簡単に赦すのに、仲間うちではそうではない［赦さない］。そのわけが彼らにはわからない……でも内と外は実際、違います。現世の悪事を私たちは裁けません。これを裁くのは神です。でもメンバーの監督を神から命じられている教会は、仲間の魂が救われるために、必要な裁きを下さなければならないのです。教会がメンバーを罰するのはその者の魂を心配するからなんです」

アーミッシュは、洗礼の誓いを破る者を裁くことにより、彼らが信じるところの永遠の罰をその者に想起させるとともに、教会の純粋性を保つことを神聖な責務と考えている。しかし、教会は現世とは別物という考え方からは、神とアーミッシュの教会の前で服従を誓ったわけではない部外者は一切裁かない、という結論も導かれる。この「二王国論」と赦しの明確な定義を合わせて考えたとき、アーミッシュの恵みを巡るパラドクスが解けてくるのではないだろうか。言い換えれば、アーミッシュの教会が駆け落ちを悔い改めないメンバーを赦免しないのに、ニッケル・マインズのアーミッシュが子供を殺した犯人を赦したわけが、わかってくるのではないだろうか。

愛の二面性

大方の人がそうであるように、アーミッシュも愛に高い価値を置く。彼らの愛は、人を愛しなさいというイエスの教えだけでなく、愛と恵みを賜る父なる神からインスピレーションを受けている。互いの愛に欠けたところがないわけではないし、外部の人の多くと同様、何が最高の愛なのかわからないこともある。それでも概して愛に高い価値を置き、家庭でも教会でも理想の愛を追求しようとする。

愛は赦しと同じく複雑な概念だ。人を愛するとはどういうことか？　哲学者や詩人、傷心の学生が延々と議論しても答えは簡単に出ない。しかし、アーミッシュの愛は、他の多くの信念と同様、イングリッシュの隣人と必ずしも同じでないということはいえる。

赦しは、つねに愛の行いなのか？　恨みを同情に置き換えることが、すなわち赦しであるならば、大半のアーミッシュはそうだというだろう。愛と赦しの関係を最もはっきり示す例として、彼らは、イエス・キリストが神の御業を具現したことを挙げる。

あるアーミッシュが、赦しをテーマにした文章で「ここに愛があります」と述べるのは、『ヨハネの手紙一』第四章第一〇節[後注6]だ。

「わたしたちが神を愛したのではなく、神がわたしたちを愛して、わたしたちの罪を償ういけにえとして、御子をお遣わしになりました」

しかしもし、悔い改めないメンバーの赦免も赦しだということになれば、アーミッシュは、それは愛の行い〈ではない〉と考えるだろう。罪人の永遠の魂が危機に瀕していると考えられる状況では、その罪人への愛は、子供に罰を与える親の愛と類似したものになるはずだ。罰を与えないことは、神から下された責務の放棄であるばかりか、むしろ愛を欠く対応になってしまうのである。しかし、その罪人が悔い改めた場合には、赦免して仲間に復帰させることが愛ある対応ということになるはずだ。

これは、二一世紀の米国で一般的な愛の理解、少なくとも教会との関連で見られる愛の理解とは異なるものだ。外部の目には、アーミッシュの懲罰は苛酷で、断罪的で、残酷ですらあるだろう。彼らにシャニングされた経験をもつ人たちも、しばしばこの見方に同意する。チャールズ・ロバーツへの赦しは偽善であると非難した評者と同様、アーミッシュに破門された人々も、部外者は赦すのになぜ同じ宗派の若者にはシャニングを行うのか不可解だろう。

この疑問に対するアーミッシュの回答が、すべての批判者を満足させることはできないかもしれない。しかし、その回答は少なくとも明快であり、人生は短く来世は長い、天国と地獄は存在すると考える人たちにとっては、まったく論理的である。目の前の選択が来世を左右する、と信じる人々にとって、愛は二面性をもつものであり、どちらか一方が欠けても、関わる者すべてに霊的な悲劇が訪れるのだ。

第一二章　悲嘆、神の摂理、そして正義

「神はなぜ我々をこんな目に遭わせるのだ」と思いましたか？
ええ、たぶん一〇〇万回はね。
――アーミッシュの男性が質問に答えて

ニッケル・マインズ乱射事件に続く数日間、アーミッシュは子供たちの死を「嘆き」、弔いをして魂を神のもとにゆだねた。亡くなった少女は天国へ行ったと思うことは、悲痛な死を乗り越えやすくはしてくれたが、信仰があるからといって子供たちの死が〈軽く〉なったわけではなかった。それぞれの家庭では夥しい涙が流されたに違いないのだ。一部の部外者は違う想像をしたかもしれないが、アーミッシュの親たちも、外の人間と同じように我が子の死を嘆くのである。

ニッケル・マインズのアーミッシュは、トラウマに対処しようとする人がたいていそうするように、喪失の意味について思案を巡らした。信心深い彼らは、この悲劇に神はどう

関与されているのか、という観点から考えることも多い。乱射事件は、何かもっと大きな、神秘な計画の一部なのだろうか？　神の印、神からのメッセージだったのか？　善をなすためにあえて悪を利用したのだろうか？　ニッケル・マインズのアーミッシュ・コミュニティではこんな声が聞かれたが、納得のゆく答えは得られていない。赦しの大切さについてそうしたように、これらの問いへの答えも、アーミッシュ特有のリソースから汲み取ってみたい。

アーミッシュの悲嘆

ニッケル・マインズのアーミッシュの親たちやコミュニティのメンバーは、いかにもアーミッシュらしいやり方で喪失の悲しみを表していた。生活のさまざまな場面で慎しみを重んじるアーミッシュは公の場では悲しみを見せまいとし、泣きわめいたり身悶えたりはしない。[後注1]　葬儀は静かに厳粛に行われるが、決して無感動なのではない。悲しみをこらえるとはいっても、人前で涙が流されることは珍しくないし、死者とのお別れや葬儀に参列する友人や家族も、声こそ上げないがさめざめと泣く。そしてそれから何カ月も涙を流し続ける。犠牲者の誰かと親しい関係にあったわけではないメアリーですら、事件後の数カ月間は毎日涙がこぼれたと打ち明ける。

　涙をこぼしたのは女性ばかりではない。事件直後に説教役を務めた牧師の話を聞いた。アーミッシュの教会では説教は回り持ちで、この男性は事件から六週間説教をしなければならなかった。その最初の日、事件の衝撃はまだ生々しく残っていた。「［説教のため］立ち上がったものの、言葉が出なくて」と彼は言った。会衆の前に立ったまま「涙をハラハラこぼし、やっとの思いで『詩編』第二三編を朗読したんです」

　学校の近くに住むアーミッシュの祖母は言う。

「悲しすぎて、怒りが消えてしまったほどですよ。胸が張り裂けるような気持ちで、皆、涙を流しショックで呆然として、子供を亡くしたご家族を思うといたたまれなかったです」

　別の女性は、アーミッシュのほうが非アーミッシュより悲しみが深いし、悲しみに浸りやすいのではないか、という感想をもっていた。「イングリッシュには悲しみを紛らわせるラジオがあるわ」

　アーミッシュが非アーミッシュ〈より〉悲しみが深いかどうか判断するのは難しい。しかし、いわれてみれば、家族と死別したとき彼らが喪に服するために当てる制度、空間、時間、沈黙は大方の米国人を凌ぐだろう。個人的に悲しみに浸ることに加え、コミュニティの資源を使って喪に服する遺族を助ける儀礼が四つもある。

ランカスター居住地では、誰かが亡くなると、遺族のもとを毎晩、弔問客が訪れ、それが二、三週間続く。その後も一年間、日曜午後の弔問が続けられる。埋葬がすんだ最初の日曜午後には、二〇人から三〇人が遺族の家を訪れ、リビングルームに輪になって座ることも珍しくない。

遺族を支える二つ目の儀礼が喪服の着用である。喪中の女性は黒服を着用する。女性の一人によると、「人前に出たり、社交の場に行くときは黒ずくめの服装をすることになっています」。礼拝に出たり弔問客を迎えるときもそうである。女性が黒服を着る期間は死者との関係によって違い、いとこの場合は六週間、おば、おじ、姪、甥なら三カ月、祖父母や孫なら六カ月、子供、兄弟姉妹、配偶者ならまる一年となる。この儀礼には、コミュニティの人に亡くなった人を思い出させ、遺族に適切な配慮をさせるという意味がある。

亡くなった人に感謝を捧げる追悼の詩を書くことも一般的な喪の儀礼として行われる。詩を書くのはたいてい成人した息子か娘で、長さは一五行節以上になることもある。アーミッシュの新聞がこうした詩を掲載することもあるが、カードに印刷して身内や友人に配られることもある。ある牧師が八一歳の誕生日に自然な死を迎えたとき、子供たちが書いた一三行の詩はこういうものだった。

ああ、父さん、大好きな父さん、
どうしてあの世へ行ってしまわれたのですか？
お別れはどんなに辛かったことか。
私たちはとても父さんを愛していましたから。
あなたの床のまわりで、誕生日おめでとうと、
私たちが歌う声が聞こえましたか、父さん？
私たちは泣きながら祈り、願い、歌いました。
父さんはまだ聞いてくれているかもしれない、と思いながら。
しかしときは過ぎ去り、私たちが誠の心をもつならば、
辛い別れの後も歌い続けなければなりません。
そしていつかまた皆で一緒に歌いましょう。
陽気な音楽隊とともに、終わりのないときのなかで。

この詩には、自然な状況で人が亡くなったときの遺族の悲しみが表現されている。子供ではない、高齢な家族の死であるが、遺族は本当の心痛、本当の悲しみを感じている。死後の世界を確信しながらも決してストイックに、無感覚に死を受け入れてはいない。

だとしたら、学校乱射事件後の遺族の悲しみは、どんなに大きかったことだろう。胸が張り裂けるように辛い事件の後で書かれた歌もある。学校に通っていた少年の姉妹が、二、三週間後につくったものだ。最初はこんなふうに優しく始まる。

「皆が助けあい、祈っている／神様は近くにも遠くにも、手を差し伸べて下さる」

それが一転して悲しみに変わる。

「あの子たちを亡くした辛い気持ち／痛みはいつ消える？／私の友だち、私の姉妹だったあの子たち」

四つ目の、アーミッシュに特有の喪の儀礼は「サークル・レター」と呼ばれているものだ。特定の経験を共有する各地のアーミッシュ──双子を養育中だとか、心臓手術を受けたとか、特定の障害をもつ子がいるなど──が手紙を順に回していくものだ。「サークル」の参加者同士は長きにわたって連絡を取りあっていることが多いので、サークル・レターは、配偶者と死別したり、乳幼児突然死症候群で子供を亡くしたり、事故で子供を失った親たちをつなぐ役目も果たしている。

身内を亡くしたアーミッシュが、地域のグリーフ・サポート・センターなどを通じ、彼ら自身のしきたりの枠を超えた支援を得ることもある。そうしたセンターの一つがインディアナ州北部にあって、アーミッシュとイングリッシュ、双方の支援グループの活動を助けている。

センターでは、一組のアーミッシュ夫婦がグループの世話役として訓練を受け、ボランティアをしている。アーミッシュの就学前児童など、英語を話せない人のいるグループには、ペンシルベニア・ジャーマンとの通訳も提供する。センター職員によれば、アーミッシュの参加者は、似たような喪失体験をしたイングリッシュとすぐ打ちとける。プログラムを運営する非アーミッシュのソーシャル・ワーカーは、喪失体験の普遍性を重視するが、文化的な違いにも配慮するという。

「彼ら［アーミッシュの参加者］が話すのを聞けば、信仰から力を得ていることはよくわかります。彼らは信仰の話もしますが、説教がましくではなく淡々と。彼らの言葉を借りれば、他の参加者より、何事も神にゆだねようとしていますね」

そのほかにも、アーミッシュは自分だけのプライベートな喪の儀式をもっている。たとえば日記や追悼文を書くことがそうだ。一人が言う。

「たまった気持ちを書き出さないと体まで侵されていきそうで。胸のなかにたまっていることを書くのは、精神療法みたいなものでしょう[後注2]」

ニッケル・マインズの生徒の親たちも、書くことには悲しみを癒す効果があることを知っていた。しかし一人の娘を失った父親はこうも言っていた。

「一番のカウンセリングは、親どうしが集まって話をすることでしたよ。あれが一番の支えになりましたね」

神の摂理と悪の実在

社会的なケア、喪の儀礼、遺族の集まり、神への信頼――これらは、たしかに意義あるものだ。しかし、遺族が受けた苦しみへの疑問を解き明かすものではない。神はなぜ、悪事を起こるにまかせるのか？　この最も悩ましい神学上の問題の一つを、信仰の篤いアーミッシュも長い間考え抜いてきた。二〇〇六年秋に開かれた公開討論で、一人がアーミッシュの男性にこんな質問をした。

「皆さんは、神はなぜ我々をこんな目に遭わせるのだ、と考えましたか？」

　すると、彼は間髪を入れずに答えた。

「ええ、たぶん一〇〇万回はね」

　神の摂理、すなわち、神は「絶えず世界に配慮し、あらゆるものを手中に収め、約束の地へ導く」[後注3]という考えは、クリスチャンの信仰のなかでもとりわけ重要な位置を占めているものだ。いわゆるアブラハムの宗教―ユダヤ教、キリスト教、イスラム教―は三つとも、神は絶えず世界に配慮しこれを維持しているという主張を伝統的に掲げてきた。

神の摂理には奇跡の次元と日常の次元がある。クリスチャンのフィリップ・ヤンシーは、奇跡を別にすれば、聖書が強調しているのはこういうことであるという。

「雨が降れば芽生えがあり、植えつければ収穫があり、強きは弱きに配慮し、持てる者は持たざる者に与え、健康な者は病める者を助ける——そんな自然の移り変わりや日常の人間活動のなかにこそ神慮が潜んでいる[後注4]」

しかし、神が世界に配慮し維持していると悟ったとしても、ではなぜ、その世界で少女が頭を撃たれるような悪事が起こるのかという謎が残る。悪の実在を示す圧倒的な証拠は、終わりのない神学論争を招いてきた。神の摂理と悪の問題はどう折り合いがつくのだろうか？

一般にクリスチャンは、この問題に三通りの答えを用意している。一つは、人に自由を与えた、つまり善悪いずれも行わせている神は、ときに、その自由を十分に尊重するため、不干渉主義をとる必要があるのではないか、ということ。

二つ目の考え方は、神は人に選択の自由を与えているが、最終的な支配者は神であり、特定の目的のために何かを起こしたり、起こるのを許したりすることがある、というものだ。この目的は、その時点ではわからないことがあるが、神が描く全体像をもし見られるならば、現時点で現れた悪は、やがてより大きな善に取り込まれるはずであることがわかる。

三つめの回答は、二つ目と似ているが、より曖昧模糊としている。基本的にこういうものである。神が司る世界では悪が起こるが、人はその理由を知りえない。この考え方は聖書の『ヨブ記』からきている。ヨブという苦悩する男が、三人の友から自分の受難のわけを聞かされる。しかし最後に神が、彼らの説明を嘲弄し、ヨブに向かって、世界を創った神に比べ、いかに自分が限られた存在にすぎないかを考えよと突きつける。そのとき、ヨブはこう答えるのがやっとであった。

「わたしは軽々しくものを申しました。どうしてあなたに反論などできましょう」（『ヨブ記』第四〇章第四節）。

悪の実在という問題への答えは、無論、これだけではない。そのうち最も端的なものは、神の存在をきっぱり否定することであろう。神を信じない根拠として、この悪の問題を挙げる無神論者の多くは、苦しみを放置するような神を信じることに大した意味はないという。我々は、悪の問題と格闘した末に神を信じるのは不可能と結論した人を貶める気はないが、アーミッシュは、この結論に魅力を感じず、一顧だにしていない。乱射事件後に我々がインタビューしたアーミッシュのなかには、慈悲深い神の存在を疑問視した者は一人もいない。この恐ろしい事件に直面したとき、彼らは神の摂理について何と言っていたのだろうか?

神の摂理に対するアーミッシュの考え方

アーミッシュは、一部の宗派とは違い、体系だった神学的考察に高い優先順位を置いていない。一六三二年のアナバプテストの宣言、ドルトレヒト信仰告白を彼らは受け入れ、今も洗礼を受ける者は監督とともに唱えているが、そのなかに「永遠、全能、不可知である唯一の神」という言葉と、[後注5] 神は「その知恵と言葉の力をもって被造物を統治し続ける」というフレーズがある。神の支配は究極的に不可知であるというドルトレヒト信仰告白は、神の配慮に対するアーミッシュの考え方の多少の手がかりにはなる。ただこれは、アーミッシュの伝統に特有のものではない。

神の摂理を彼らがどう考えるか、もっと直接的に知るため、我々は二つのアーミッシュの通信新聞『ザ・バジェット』と『ディー・ボートシャフト』に手紙を投稿した人たちにインタビューし、その手紙も読んだ。神の摂理を巡る悩ましい問題に、彼らはさまざまな回答を提示していた。そのなかには、他宗派のクリスチャンが悲劇に直面したときの態度と似たものも多かったが、オールド・オーダーに沿って神の摂理を受け止める彼ら特有の考え方も示されていて、またそれが殺人犯への赦しを促しているのだった。

肯定、疑問、そして葛藤

通信新聞の投稿で最も目についたテーマは「神が容認された」である。事件からまだ一週間も経たないとき、『ディー・ボートシャフト』に手紙を投稿した一人の女性は「人に何が言えるでしょう？」と問いかけていた。「世界を治めておられるのは神です[後注6]」別の投稿者はこう書いていた。「月曜の出来事は人を恐怖におののかせた」が、それでも「私たちは神を信頼しています[後注7]」

こうした肯定的態度にもかかわらず、ニッケル・マインズ乱射事件は数々の難問を浮かび上がらせた。あるアーミッシュの家で、数人とキッチン・テーブルを囲んで話しあったときのこと、一人が、乱射事件も神のご計画の一部だと言った。そしてこれをきっかけに、六〇代の二人の兄弟の間で、神は物事を引き起こしているのか、それでもただ起こるにまかせているだけなのか、という問いを巡り活発な議論が起きた。

「天使は物事を食い止められるのか？」「すべてがあらかじめ計画されているのなら、なぜ祈るんだ？」「祈りで神の心が変わるのか？」「善と悪が戦っている最中に、ニッケル・

マインズで大きな地雷を踏んでしまったということか?」

難題を巡り話はだんだん広がり、結局、結論は出なかった。ただし、このとき悲劇は「計画」の一部だと言ったアーミッシュも、それが神の「意志」だったとまでは言っていない。殺された子供の一人の葬儀でも、説教した牧師はこう言い切っていた。

「人々が互いに殺しあうことは神のご意志ではありません」

厄介な問いへの答えを探し、アーミッシュ・コミュニティの各所で交わした会話で上った問題の一つは、人間の選択ということだった。ある中年の母親は語気を強めて言った。

「あれは神の意志なんかじゃありませんよ。神はこの世のどんな悪にも干渉しませんし、止めることもありません。人が間違った選択をしても神はお止めにならないのです」

「私たちには自由意志がある」とある祖父は言った。「でも悪魔にも企みがあるんだ」

他の人々も同じ点を強調したが、しばしばこうつけ加えた。

「でも、神は間違いを犯しません」

より大きな善

人殺しは神の意志ではない、しかし神の支配下で起きる。この二つはどう折りあうのか?　アーミッシュの多くは、神はより大きな善をもたらすために乱射事件を起こるにまかせたのだと信じている。イーライ監督は、ニッケル・マインズで一人の娘を亡くした家族に「この出来事がどんな善をもたらすのかはわかりません。でもきっと何か意味があるのです」と話したという。

他のアーミッシュの多くも、神は恐ろしい状況から善をもたらすと考えた。『ディー・ボートシャフト』にはこんな通信が載った。

「あんな恐ろしいことを誰かにさせるのは神のご意志ではありません。でも神があれを起こるにまかせた以上、きっと私たちの精神にとって善いことがもたらされるのです」[後注8]

神の摂理の謎解きをするなかで、アーミッシュが頻繁に取り上げたのが、イエスの十字架の死である。

「学校乱射事件のとき、神はどこにおられたのか?」と一人の監督は問いかける。「私は、神はイエスが十字架で死んだときと同じところにいらしたのだと思う」

ある建築業者はこう説明した。

「イエスは我々のために死んだ。それは悪だけれども、神は我々を救うためにそうされた。そこから素晴らしい善が生まれている。乱射事件も悪だが、そこから生まれた善は、たくさんの人に影響を与えているよ」

あるアーミッシュの女性は、新約聖書の『マタイによる福音書』との類似を指摘する。

ヘロデ王が「ずっと昔、ベツレヘムで幼子を」殺したことは、「神が起こるにまかせた」ことだった、とこの女性は書く。「私たちには理由はわかりませんが、［私たちは］神はこれらすべてから善を導き出すと信じています」[後注9]

長老たちもこの考えに同意する。「［神の］意志はすべての者に善行を強いるものではありません。しかし、神のなすがままにまかせるなら、神は、どんな状況からも、どんな悪行からでも、善をもたらされるのです」[後注10]

『ディー・ボートシャフト』に載ったある手紙には、身内の死は、神が遺族の気持ちを天に向けさせる手段なのだ、と韻を踏んだ詩文（訳注：原語では）で書かれていた。

「かけがえのない家族の輪が断ち切られることがないとすれば、愛する者のいる天国を心から求めることがあるでしょうか」[後注11]

別の手紙には、反目しあっていた部外者どうしが、アーミッシュの赦しを知って和解した話が紹介されていた。

キリスト教の伝道という面から謎を解こうとしたアーミッシュもわずかながらいて、神がなぜ、あの悪行を起こるにまかせたのかをこの観点から理解しようとしていた。アーミッシュの赦しが世界中に報道されたのを知り、ある男性は「主の御業は謎です。あれは御言葉を広めるためだったのでしょうか？」と言った。[後注12]

別の男性は「無神論者から、赦しについて知りたいという手紙をもらいました」と我々に言った。

一人の娘を失ったある母親は、恐らく多くのアーミッシュの気持ちを代弁して、こう語った。

「赦しが世界中でこんなに大勢の心に届いたと知って、ああ、あの子たちは無駄に死んだわけじゃないんだって、気持ちが慰められました。赦しの話が広まらなかったら、事件はもっともっと辛いものになっていたと思います」

車輪のない馬車

悪の問題への答えを求め、インタビューしたアーミッシュは皆、結局のところ神の摂理は神秘に包まれているという考えに至った。彼ら特有の慎ましさで、事件が起きたわけも、ここからどんな善がもたらされるのかもわからない、と言うのだった。

「どんな宗教にも神秘はあるよ」とある工芸家は言った。「神秘のない宗教なんて、車輪のない馬車みたいなものだ」

実際、アーミッシュは、摂理に潜む問題について考えるときも、延々と思弁にふけったり、明確な答えが見つかることを期待してはいなかった。神学的な疑問を抱えることで信仰が揺らぐのを避けたいだけでなく、疑問をあえてもたない――ウフガヴァのもう一つの形――ことは、神の摂理に対する彼らの元々の考えに沿っているからだ。「いつまでも問い続けてはいけない」と一人のアーミッシュが言った。「すべてに答えがあるとは限らないんですよ」

　何人かのアーミッシュの牧師が、この点をさらにこう強調した。

「神がピリオドを打たれたところに疑問符をつけてはなりません」

　学齢期の娘がいる一人の母親は、葬儀のとき中心となる説教をしたある牧師が、アーミッシュのコミュニティを、苦悩のさなかで神から説明を求めようとしたヨブになぞらえたことを教えてくれた。牧師は、苦しみに説明を求めるのは人間だけであることを認めた上で、会衆に忠告した。

「問うのは止めなさい。あの出来事がなぜ起こったのか、完璧な答えは決して得られないのですから」

　その後、『ディー・ボートシャフト』に寄せられた男性の手紙も、この牧師の忠告を反映していた。「人生で理解できないことに出会ったときは、それを司っているもの、つまり神の御手にゆだねようではありませんか」[後注13]。そして、つぎの考察で締めくくっていた。

「人は主の御手のなかで死ぬ。乱射事件も主の御手のなかで起きました。私たちは、いと高き力の前に頭を垂れるしかありません」

悲劇に何らかの目的を見つけようとし、神が悪を抑止するだけでなく、悪を赦し、是認すらするのはなぜかを解き明かそうとするアーミッシュが、神秘の扉の手前で立ち止まるのはわからないことではない。古くはヨブがこの扉の前で立ち止まり、今日の神学者もそれに倣っている。アーミッシュの反応に違う点があるとすれば、それは、神秘を司る力に進んで信を置くこと自体ではなく、「いと高き力の前に頭を垂れる」のがあまりに早いことだろう。

雨乞いはしない

人を赦すのが早い彼らは、「御心がなされますように」と唱えるのも早い。「主の祈り」のこの文句が、危険な状況におかれたときほど脳裏をよぎる。七〇歳のある祖母は、「いつも心のなかにありますよ。馬車で出かけるときは無意識のうちに唱えているわ」と言う。監督は、彼らが好んで使うウフガヴァという言葉には「神の全き意志に服従する」という意味があると言った。つまり神と争ったり、神に抗ったりはしない。一人の監督は、これを説明するのに気に入りのドイツ語の賛美歌の歌詞を引用した。

「神よ、あなたはあるがままになさいます。あなたに逆らう我らは何者でしょう？　たとえ涙は流れても、あるがままでよいのです」

別の長老は、神の意志に速やかに服従することの大切さを強調する。

「早く諦めるほどうまくいくものだよ。人はたくさんのことを諦めて生きているんだよ」

アーミッシュは神の意志に素朴な信頼を寄せるが、運命論者ではない。工芸品店を経営するアーミッシュの女性たちは、日々、戦略的決定を下す。計画を立て、調整を行い、商品の新たな販売先を探す。その彼女らも宗教的な領域に入る事柄では、じっと辛抱し、神に答えを求めたりせずに生きていく。

あるオールド・オーダー・アーミッシュの女性は、我々の一人に宛てた手紙で、このゲラッセンハイトの精神を、「神が下さる一切のもの、愛する者の不慮の死や、長患い、干ばつ、洪水、酷暑、酷寒、農作物の不作や売れ行きの不調、家畜の病気、あられ、火事［など］を従順に受け入れること」だと説明し、手紙をこう結んだ。

「私たちは雨乞いをしません。雨が降るまで待ち、降ったら神に感謝するのです」

救済と最後の審判

アナバプテストは無報復、敵への愛、無抵抗主義を唱え、処罰を人にではなく、直接神の手にゆだねる。一六世紀の殉教者が不当な死を受け入れ、他の信者もその死に報復しようとしなかったのは、究極的裁きは神がなさるものと信じていたからにほかならない。アーミッシュが現世の赦しを自由に行う背景には、裁きを巡るこの古くからの考えもある。彼らは、新約聖書の『ローマの信徒への手紙』で使徒パウロが、復讐してはならず、復讐は神にまかせなさいと書いていることを挙げるが、ここには、敵が飢えていたら食べさせ、渇いていたら飲ませ、「悪に負けることなく、善をもって悪に勝ちなさい」とさらに踏み込んだことも書かれている（「ロマ書」第一二章第一七―二一節）。

慎んで裁きを神にゆだねるアーミッシュは、何かと復讐を求めたがる外の世界の一部とは際立った対照をなす。あるイングリッシュの評者は、ロバーツの屍を焼いた灰をゴミ箱にぶち込んでやりたいと言ったが、我々のインタビューでは、チャールズ・ロバーツへの復讐―神による復讐を含め―を求める声はアーミッシュから一言も聞かれなかった。

彼らの態度は、ニュージャージー州で起きた大学寮放火事件（訳注：二〇〇〇年一月一九日、セトンホール大学で起きた。学生三人が死亡、負傷者は五〇名以上。二〇〇三年、男二人に殺人罪の判決が下されている）で死亡した三人の学生の親たちの反応とも著しく対照的だ。放火した若い男たちに判決が下されたとき、親の一人は彼らにこんな言葉をぶつけている。「お前たちはいつか天の法廷に引き出されるんだ。その日が来たら、二人とも地獄で朽ち

果てる罰を受けるんだぞ」[後注14]

アーミッシュのなかにも、自殺した銃撃犯は永遠の罰を受けると考えた人たちもいたが、それを得意げに語ったり、正当化する声はまったく聞かれなかった。ここでもアーミッシュ特有の慎ましさが守られていたのである。

「ロバーツが悔い改めの機会もなく生涯を閉じてしまったのが、痛ましくてたまらない」と言うのは、殺された少女の母親だ。ある工芸家はこう言った。「ロバーツが来世でどんな運命をたどるかは、何とも言えません。神のみがご存知ですよ。自分はこうなりたいと思うことを彼［ロバーツ］にも願ってはいますけれども」

カナダ在住のあるアーミッシュの牧師も、イングリッシュの知人から乱射事件の後まもなく「犯人は地獄の業火で焼かれているんじゃないですか?」と聞かれたとき、どっちつかずの返事をした。「わかりませんね。裁けるのは神のみです。あの男がしたことをもし自分がやってしまったら、神の前に立ちたいとは思いません。でも、神がどんな裁きを下されたか、私にはわかりません」

アーミッシュが、自分の来世と同じように、ロバーツの来世についても慎ましい態度をとるところは興味深い。彼らは、救済や永遠の罰についての思弁を嫌い、我々は救われるとか、チャールズ・ロバーツは地獄に落ちる、といった言い方をしない。アーミッシュには救われたいという「切実な願い」がある。ところが、救済への保証を公言する多くの福音派と違い、自分たちは救われると断言することに抵抗をもつ。そのような確信を人が公言することは、救済の神秘は神のみぞ知ると考える彼らにとって、神に対する罪なのだ。自分たちのなすべきことは、日々の生活でイエスの教えに忠実に従うことであり、神の心を推量することではない、と彼らは言う。それでも神の公正な意志と慈悲深い裁きへの願いと信頼はある。

救済についてのこの理解は、アーミッシュが教義より実践、言葉より行為に重きを置くことを反映したものだ。あるアーミッシュの若い父親は、神は我々が人を赦すように我々をお赦しになる、とイエスが言ったことを挙げ、赦しとアーミッシュ的な救済の概念をこう結びつけた。

「つまり、もし将来、人を赦さなかったら、救済は失われてしまうんですよ。もう救われたから大丈夫ってわけじゃないんです」

彼の言葉を借りれば、赦しと救いは「一つのこと、表裏一体なんです。罪は赦してもらえる。でも、救われるためには自分も赦さなければいけないんです。聖なる場所［天国］に入るには罪が赦される必要がある。でも、赦していない者は、その罪を赦されない……だから赦さないと悲惨な結末を招くことになるんです」

たびたび取り上げてきたように、アーミッシュの信仰で赦しが重視される背景には、来世で救済されるには人を赦していることが不可欠、ということの考え方がある。クリスチャンのなかには、このような来世理解にとまどう人もいるだろう。最後の裁きは神がなさるもの、という点には多くが同意するだろうが、来世の保証に対する慎ましさ、自分の行いで救いが決まるという考えは、多くの宗派と対立する。来世の運命も神しだい、というアーミッシュのこの救済観は、まさにゲラッセンハイトの極致ともいえるものだ。

現世の正義

長期的な正義や神の摂理のことはさておき、今、ここでの現世的な正義の問題がある。アーミッシュの赦しは、悪行を大目に見たり、その結果を帳消しにすることではない。「もしロバーツが生きていたとしても、私たちは彼を赦します。でもその場合、彼は罰を受けたでしょう」とある牧師は言う。しかし彼らは、現世の裁きは教会と無縁なものだと考えている。

第一一章で触れたように、アーミッシュは「二王国論」を受け入れている。これはヨーロッパでその昔受けた迫害の歴史のなかで形づくられたものだ。教会が体現する神の王国は、平和主義に則り力による強制をしない。この霊的な王国は、イエスが説いた倫理である敵への愛、無報復、そして赦しによって導かれている。

これに対し、現世の王国、この世を治める政府は、目標遂行のために力、少なくとも力による威嚇を用いる。アーミッシュは国家が力を行使する権限を認めており、ドルトレヒト信仰告白も、国家の要求が神と争うものでない限り、それに従えと教えている。たとえば、アーミッシュは兵役、訴訟、不法を働いた者への告訴を一切拒否する。また税金は社会保険費を除いて収めている。その理由は、社会保険は、教会が教区民のニーズに配慮する責任を弱めると考えているからだ。

その一方、神は国家を通じて現世の秩序を維持するとも考えるので、国が警察力を組織し、法に背いた者を刑務所に入れ、戦争をすることも彼らは予期している。「人殺しは牢屋に入れてほしいと思ってますよ」と一人の長老が言った。「私たちも甘ちゃんじゃないからね。人殺しは野放しにしてほしくないね」。一人の執事が付け足した。「悪事を働いた者を罰するのは州や国の役目です」

ニッケル・マインズ事件のとき、アーミッシュは州警察の介入を喜んで受け入れ、彼らの援助に深く感謝した。一〇月のあの朝の出来事は、世俗の暴力によるコミュニティの侵犯であり、世俗の権威がこれに対処してくれることを彼らは期待したのだ。

教会と世俗の線引きは、無論、常にはっきりしているとは限らず、彼らは時折、世俗と教会の権威が重なるところでややこしい司法の問題に遭遇する。たとえばこんな事件があった。一九九四年、ペンシルベニアの陪審は、二人の子供の目の前で妻を惨殺した二八歳のアーミッシュ男性、エド・ギンゲリッチを、過失致死で有罪とするとともに精神疾患に認定した。裁判での証言から、彼は統合失調症の診断を受けており、ときどき入院もしていたこと、しかし家族や教区の隣人たちは、彼が処方薬の代わりにホメオパシー療法を受ける手伝いをしていたことが明らかにされていた。

この事件では、司法と責任、処罰を巡る見解の差が露になった。陪審員たちは、殺人の起こりやすい状況をつくった教会の非を指摘し、ある刑法学の教授は、検察は第一級殺人の要件を十分満たせていないと批判した。一方、犠牲者のおじであったアーミッシュの監督は、判決がわずか五年の刑であったことに失望感を表明する。[後注15]

「彼は一〇年か一五年は収監されると思っていました」

そして、ギンゲリッチが釈放され、一般の通念からすれば負い目を清算したときも、ペンシルベニア北西部のこの教会は、彼をメンバーに復帰させずシャニングを続け、子供や親戚のほとんどから隔離した。ギンゲリッチはやむなく、中西部にある二つのアーミッシュ居住区に受け入れてもらった。それらの地区のアーミッシュは、彼はもう十分な罰を受けたと考え、治療を再開できるよう支援した。ギンゲリッチ事件は、アーミッシュの生活において、二つの王国がときに複雑に交錯しあうことを示している。

この世は仮の住まい

アーミッシュが信じている神の摂理には奇跡も含まれる。神は現世に直々に関与されるという信念のなかに奇跡は織り込まれている。多くのアーミッシュが、乱射事件のときに起きたある奇跡を口にする。一部の人々はあの日、学校の上空に天使がいたと信じている。前に述べたように、銃が撃たれる直前、学校から逃げた少女が、逃げなさいという声を聞いたと言っており、多くの人がそれは天使の声だと考えたのである。さらに、負傷した少女たちの回復が奇跡的だったということもよく言われる。ニッケル・マインズ校の男子生徒のある姉妹が書いた詩には、こんなフレーズがあった。

たくさんの友だちがいなくなり、
もう駄目だと思うときがきても、
私たちは幸運にすがりつける。

私たちは奇跡に囲まれている。

先ほど見たように、神の奇跡的な介入を信じたとしても、神の摂理についての積年の疑問、つまり慈悲深い神がなぜ、この詩にある「幸運」ばかりでなく、悲惨な出来事にまで関与するのかという謎は消えず、正義を巡る問題が解決するわけでもない。

しかし奇跡を認めることは、神秘を受け入れるのと同じく、彼らの慎ましい服従と忍耐の生活と密接な関わりがある。こうした価値観の組み合わせこそが、逆境を凌ぎ、復讐を放棄し、恵み深く生きる大きな力をアーミッシュに与えているのである。

第一三章　アーミッシュ・グレイスと我々

真の赦しは過去の一切の出来事におよび、未来に道を開く――デズモンド・ツツ（南アフリカの大主教）

本書を書き始め、まもなくぶつかった難問があった。タイトルである。メインタイトルはすぐ『アーミッシュ・グレイス』に決まったが、サブタイトルの『赦しは悲劇をどう超えたか』（How Forgiveness Transcended Tradedy）には時間がかかった。〈赦し〉と〈悲劇〉をつなぐ言葉をどうしようかと迷った。二〇〇六年一〇月二日の悲劇は赦されてどうしたのか、シンプルに表す言葉が見つからなかったのである。

〈贖った（redeemed）〉ではどうだろう、と考えてみた。アーミッシュの赦しは、コミュニティを襲った悲劇を贖ったか？　アーミッシュ関連書にこれを使えばキリスト教的含蓄を自ずと伝えられる。それに、多くのアーミッシュが我々に言った、善は悪より強い、という響きもある。しかし考えれば考えるほど、赦しがニッケル・マインズの悲劇を贖った、という表現は落ち着きが悪かった。悲劇は終わっていない。五人の少女が死んで、助かった子にも傷跡が残り、一人はいまだ半ば昏睡状態である。遺族の嘆きは続き、子供たちは悪夢を見、親たちはかつてないほど痛切に子供の無事を祈っている。ロバーツの凶行後の赦しは、癒しにはなっているが、事件の傷口をすべて塞いではいない。〈贖った〉は言い過ぎだ。

結局、二つの理由で〈超えた〉という表現にした。一つは、アーミッシュが、西ニッケル・マインズ校を見舞った悪を——十分に——乗り越えたことを端的に示せるからだ。善が悪より強いかどうかは哲学論争になってしまうが、アーミッシュが、あの絶対的恐怖に驚異的な寛大さで応じた事実に異を唱える者はいないだろう。

第二に、アーミッシュの赦しは、乱射事件そのものの報道をたちまちにして霞ませた。世界は日々、圧倒的な暴力にさらされているが、暴力に赦しで応じるケースはまれである。ニッケル・マインズではそれが起き、彼らの赦しはランカスター郡のひなびた村を一躍世界の注目の的にした。

この出来事は結局、どう考えたらいいのだろう。我々がインタビューしたアーミッシュの一部が言っていたように、アーミッシュの赦しが事件後、広く報道されたのは喜ばしい。しかし我々は、本書の最初のほうで、この話が利用されたり絶賛されたりする仕方に留保も設けてきた。ニッケル・マインズのアーミッシュの反応に、我々も衝撃を受け、感激もしたが、またこうも考えた。我々にとって、これはどういう意味をもつのだろう？　本書を書き進めるうちに、それはだんだん悩ましい問題になっていった。

アーミッシュは我々と異なる

今度の話から我々が学んだものがあるとしたら、こういうことだろう。アーミッシュは、彼らの信仰につけ足すように赦しを実践しているのではない。赦しは、彼らの生活やコミュニティにしっかりと織り込まれ、他の多くのテーマと複雑に絡みあっている。だからこれらを抜きに語ることはできない。

アーミッシュの話を聞いていて興味深いのは、彼らは、赦しを抽象的に抜き出して語りたがらないことである。赦しは「恨みを捨てること」などと定義してくれる人もいた。しかし多くは、〈赦し〉を説明するときに〈愛、慎ましさ、同情、服従、受容〉などの言葉を織り混ぜる。話し言葉に示されるこうした言葉の網の目から、全体的で統一のとれたアーミッシュの生活像が浮かび上がる。大量消費社会で暮らす隣人の多くと異なり、アーミッシュの精神世界は個人の好みに応じてバラバラな断片を寄せ集めたものではない。それは何世紀にもわたり、丁寧に受け継がれてきた遺産なのだ。

アーミッシュが自ら説明するところによれば、彼ら特有のこの精神の原型は新約聖書にある。アーミッシュはイエスの言葉を厳粛に受け止め、メンバーが信仰を語るときは、イエスの言葉や新約聖書の他の章節を引用することが多い。しかし、彼らの生き方は、聖書、あるいはイエスの言葉を真摯に受け止める態度だけではまだ説明できない。彼らの精神世界がはっきり浮かび上がってくるのは、特有の聖書理解、非暴力を貫いた殉教者の伝統というレンズを通して見たときである。今も身近な存在である殉教者に諭され、励まされ、アーミッシュは復讐よりも苦しみ、闘争よりも〈ウフガヴァ〉、恨みよりも赦しに高い価値を置いてきた。

クリスチャンなら『マタイによる福音書』にあるイエスの言葉、「我らに罪を犯すものを我らが赦す如く、我らの罪をも赦したまえ」を知っているが、アーミッシュは、自分が赦されるかどうかは、人を進んで赦すかどうかにかかっていると心底信じている。彼らにとって、赦しは〈善行〉以上のもの、キリスト教の信仰の核心である。

これがわかれば、ニッケル・マインズのアーミッシュが子供を殺した犯人をその後何時間も経たないうちに赦す、という想像を超える行為のわけも理解しやすくなる。赦そうという決意は、速やかに、ほとんど一瞬のうちになされた。その後、言葉だけでなくこんどは行いで、犯人家族への思いやりが具体的に示された。アーミッシュの信仰は行為で試される。信念も言葉も大切だが、信仰の地金は行為でわかる。つまり、〈本当の〉赦しとは、赦したことを行為で示すことをいうのである。この場合は、殺人犯の家族に思いやりのある行為を示すことだった。

赦しより復讐が既定路線のこの世界では、すべては感動的である。しかし同時に、アーミッシュの赦しは生活にしっかり織り込まれており、状況を異にする者にはおいそれと真似できないことには注意が必要だ。「模倣は最も誠意あるほめ言葉」という格言があるが、五〇〇年の歴史の重みをもつ生活様式に埋め込まれた習慣は、果たして模倣できるものだろうか？

北米市民の大半は、自由民主主義と消費資本主義を前提に、アーミッシュのものとはまるで異なる文化的習慣のセットのもとに暮らしている。彼らの多くはむしろ、アーミッシュの習慣の一部を、指弾しないまでも疑問視するかもしれない。間違いを犯しがちな教会指導者の決めた規律に従う？　個人を賛えては駄目？　知的探求を慎め？　不自由な性役割を守れ？　自分の権利を守る戦いを否定？　祖国のための戦いも拒否？　米国の主流文化からこれほどずれた文化的習慣のセットもないだろう。

ニッケル・マインズ事件を評した人の多くは、アーミッシュの赦しには対抗文化的な側面があることを見落としたか、少なくとも軽視していた。部外者の多くは、目の前で起きたことに感銘を受け、アーミッシュの恵みは「我々」のなかの最良の部分を表しているのだ、という考えに傾きすぎた。とくにひどかったのが、アーミッシュの信仰を、建国の父たちの信仰と同一視した批評である。[後注1] 彼の頭のなかでは、ニッケル・マインズのアーミッシュは対抗文化的どころか、愛と寛容の心をもつ「キリスト者」として振る舞う米国の長き伝統に従ったにすぎない。他の評者も、不可解な出来事をうまく説明してくれそうな教訓の発見に熱心になるあまり、陳腐な言葉しか述べられなかった。赦し（そしてアーミッシュの生活の多く）に包含された痛みを伴う自己放棄には目を向けず、アーミッシュの赦しを、アメリカのハートランドにいまも残る善良さの素晴らしい手本としてほめそやした。

我々は、乱射事件へのアーミッシュの対応が称賛に値しないといっているのではない。あふれる賛辞の陰で、それを生み出した対抗文化的な価値体系が見落とされてしまったといいたいのだ。このギャップの深さを痛感したのは、オハイオ州のあるアーミッシュ・コミュニティの指導者たちが、メンバーがアーミッシュの赦しについて講演するのを禁じた出来事だった。[後注2] ニッケル・マインズのアーミッシュにチャールズ・ロバーツを赦すよう働きかけた価値体系が、赦しに関心をもつ部外者にメンバーがそれを語る自由を奪うとは、皮肉である。アーミッシュがニッケル・マインズで示した行動は「米国で最善のもの」だったのだろうか。否、それは、我々が大切にしている多くの価値に日々、挑み続ける人たちによる、愛の表現だったのである。

浅薄な理解の危険

アーミッシュの赦しを対抗文化としての全体像から切り離す評者がいたかと思えば、社会的文脈から分断し、これを教訓として世界に広めようという疑わしい主張をする人もいた。たとえば、アーミッシュがニッケル・マインズで示した対応は、米国の外交政策、とりわけブッシュ政権の「テロとの戦い」の凄まじい暴力に一矢を放ったものだと受け止めた書き手は多かった。こうした評者の多くが、ブッシュ大統領のキリスト教信仰とアーミッシュの信仰を対比させ、イエスはどちらを支持されるだろう、と読者に問いかけていた。

この対比は修辞的には面白いかもしれないが、彼らは、力の行使を伴わない政府など想定していないアーミッシュの二王国論に触れていなかった。アーミッシュ自身、教会内の不正の芽を摘むために懲罰手続きをもつように、現世で悪事を働く者には、政府がときに力も用いて制止することを期待している。だから、オサマ・ビン・ラディンのような者の赦免を、アーミッシュが米国大統領に促すとは思えない。

無論、これらの評者が指していたのは、テロリストの〈赦免〉（処罰から解放すること）

ではなく〈赦し〉（恨みを愛に置き換えること）であろう。しかし、アーミッシュの赦しを、複雑で長きにわたる紛争にそのまま当てはめようとした多くの評者は、もう一つの肝心な点、つまり、乱射犯はすでに死に、罪は過去のものになっていた点も見落としている。乱射事件は陰惨ではあったが、突発的な一度限りの出来事だ。これをたとえば、何世紀も続くアフリカ系米国人への抑圧、ユダヤ人六〇〇万人の計画的殺戮、民族紛争のさなかで家族が日々感じる恐怖と対比させてみてほしい。現在進行中の罪を赦すことのほうが複雑で難しいのだ。些細な罪でもそれはいえることで、たとえばの話、くる日もくる日も上司から侮辱され続けているような者は、なかなか上司を赦せないものである。

この赦しがアーミッシュにとっても特別なケースだったわけはほかにもある。ニッケル・マインズのアーミッシュは、犯人の家族と近所付き合いがあり、関係の修復と維持を願っていた。小さな町では、温かい思いやりをすぐさま示すのが実際的で簡単であった。アーミッシュはどの家へ行けばよいか知っていたし、しかもそこは徒歩で行ける距離だ。さらに、犯罪規模が大きかったために、誰か一人、あるいは一つの家族だけで赦しの重責を負わずにすんだ。コミュニティ全体が相互扶助の精神で支えあうことができた。加えて、この凶行があまりに非道だったことが、かえって、乱射事件は神の計画の一部かもしれないという考えを受け入れやすくしていたことも挙げられる。以上の要因を合わせて考えれば、チャールズ・ロバーツを赦すほうが些細な過ちを犯した仲間を赦すよりやさしいと考えたアーミッシュがいたことにも説明がつく。

繰り返すが、我々は、この恐ろしい乱射事件を前にしたアーミッシュの寛容さを矮小化するつもりはない。アーミッシュの文化の独自性―そして悲劇の詳細―への理解を促し、これを即、手本として他に応用するようなことを戒めたいだけである。彼らは、我々のもつような個人主義に従った生活のなかであの赦しを与えたのではないし、マスコミが誤解させたように、どんなことでもあっさりと赦してしまうわけでもない。だから、ランカスター郡南部からアーミッシュの赦しだけを乱暴に取り出し、無差別に他へ移し替えるようなことはできないのだ。ニッケル・マインズの恵みから教訓を得たいなら、もっと丁寧で慎ましい応用の仕方を考えなければならない。

ニッケル・マインズの教訓

アーミッシュの赦しの背景には豊かな文化的資源がある。しかし彼らとて過ちを犯しやすい人間であり、その点ではアーミッシュも我々も〈同じ〉なのである。この点ははっきりさせておきたい。というのは、一部には、アーミッシュはこの世のものではない資源にアクセスしていると思い込んでいる人もいるからだ。もっとも、これは多少の真実もはらんでいるかもしれない。というのは、アーミッシュの神は、敵を愛し、罪ある者を赦すことを人間に〈完全に期待〉しているからだ。とはいえ、赦しは、アーミッシュ、キリスト教徒、広く神を信じる人たちだけのものではない。アレクサンダー・ポープが言うように、赦しは神の業なのかもしれないが、そうだとしても、その業は人間社会でも広く使われているものだ。

実は、本書を書いている最中にも、ニッケル・マインズに劣らず感動的な赦しの物語に我々は数多く出会っている。撃たれてから死ぬまで放置された人、誘拐犯に子供を暴行された親、相手の浮気で結婚生活が破綻した人、いわゆる友人に評判を傷つけられた人、等々である。彼らのほとんどはアーミッシュと何の関係もなく、理不尽な仕打ちに耐えるアーミッシュの文化的資源とも縁がない。それでも彼らは、苦しみ抜いた末に、関わりのあるすべての人たちのために敵を赦していた。

赦しを研究する心理学者によれば、一般に、赦す人は赦さない人よりも幸福で健康な生活を送れるという。我々がインタビューしたアーミッシュもこれに賛同し、自分が人を赦したときの経験談を聞かせてくれた。赦せなかったときは加害者に「支配」されていた、と言う人もいれば、憎しみは酸のように体を蝕む、と表現した人もいた。自己放棄を重んじる宗派の人たちも同じなのだ。アーミッシュもセルフケアや自身の幸福に無関心なわけではないのである。赦しはある意味では自己否定に違いないが、自己嫌悪とは違う。彼らの話は、心理学者が我々に語ったことを裏づけるものだった。つまり赦しは、それを与える者を癒し、より大きな活力と全体感をもった生に向けて解放する。

赦しは、それを与える者を癒す。その証拠をアーミッシュも示していたと思われるが、彼らはそれ以上に、赦しは加害者のためのものであることを示している。赦しは、悪がなされたことを否定しないが、悪事を働いた者に復讐する権利は放棄する。チャールズ・ロバーツは死んだ。しかし、彼の家族に復讐する機会は、彼の自殺によってもまだ失われていなかった。ところがアーミッシュは、復讐するどころか、彼の葬儀に参列し、家族に同情を示した。別の言い方をすると、ニッケル・マインズのアーミッシュは、殺人犯を非難するかわり、彼とその家族を人間社会の一員として遇することを選んだ。アーミッシュの赦しはそこから、チャールズ・ロバーツとその家族、ひいては世界への贈り物であったともいえる。

世界への贈り物、というのは、彼らの赦しは、学校乱射事件によってほころびが入った社会を繕う第一歩になったからだ。彼らの恵み深い行為は、遠くから見守る大勢の人々を驚嘆させた。宗教が復讐を煽っているこの世界でアーミッシュがとった対応は、自爆攻撃の連鎖や、宗教が増幅させていく怒りの対極にあるものとして歓迎されたのだ。いまだ曖昧なまま残されているのは、アーミッシュの赦しは私たちが倣うべきものなのか、それとも、気高いが実行不能な理想にすぎないのか、という問題である。

答えはおそらく、この中間のどこかにある。我々はなるほど、アーミッシュが悪に愛と癒しをもって対しようとしたことに畏敬の念や感銘を覚えた。しかし、西ニッケル・マインズ校で撃たれたのがもし〈我々の〉子供だったら、恵みでなく憤怒に駆られた行動をとったのではないか？　これも正直な見方かもしれないが、問題もはらむ。復讐こそ自然な反応で、赦しはアーミッシュのように、自然な感情を抑圧して生きる人のものという仮定に立っているからである。

我々は、暴力と不正に直面した人間は生得的な欲求を抱くものだと考えやすい。たとえば、アーミッシュがロバーツを赦すのが「早すぎた」と言う人たちは、アーミッシュは、報復という人間の基本的欲求を否定していると考えていた。しかし、人間の〈真の〉欲求は、癒しと希望によって悲劇を乗り越えることなのだ。

我々がニッケル・マインズ事件、そして広くアーミッシュから学びえたことは、人間が理不尽な悲劇に遭ったときの気持ちの切り替え方は、文化的に形成されるということだ。[後注3]不正を堪え忍ぶために自分たちの宗教的資源を用いるアーミッシュにとって、意味と希望ある生を送るには、赦す、それも速やかに赦すことが望ましいやり方である。赦しには、復讐を進んで断念することを含むが、出来事を帳消しにしたり、罪を赦免することは含まない。それでも、赦さずに恨みを抱えているよりも希望をもって、暴力の少ない未来へ踏み出す最初の一歩になるのである。

我々は、どうしたらその一歩を踏み出せるか？　我々のほとんどは、復讐を煽り、恵みを嘲る文化で育ってきた。アイスホッケーのファンは、選手どうしのファイトのない、ただ滑って点をとるだけのゲームではお金の払い損だと文句を言う。血まみれのビデオゲームは巷にあふれており、一〇年前は過激すぎると思われた暴力シーンも今や当たり前だ。映画の大ヒット作品では、悪人を平然と殺すヒーローを中心にストーリーが展開する。

我々を非情な人間に変容させていくのはエンターテインメントの世界だけではない。交通事故は、犠牲者に「補償」を払わせろと促す弁護士を潤している。たしかに補償の要求は、超大量消費（ハイパーコンシューマリスト）社会では大方が共有する価値観だろう。ロバート・カトナーは『すべては売り物（Everything for Sale）』でこう書いている。

「時間を無償で提供する人、見知らぬ人を助ける人、公共の利益のため低賃金で働くことを受け入れる人……は、自分のことを間抜けだと思うようになる」[後注4]

与えたりもらったりするよりも、売り買いを奨励する文化から見たら、赦しはまったく

潮流に逆らうものだ。[後注5]

潮流に逆らい、赦しを育んでいく世界を想像する別の道を見つけるには、個人の意志の力では足りない。しかし我々はこの文化がつくりだした製品であるだけではなく、文化をつくり出す生産者でもある。必要なのは、赦しに価値を見出し、これを涵養する文化を建設していくことだろう。アーミッシュは彼らなりに、それができる環境をつくり出している。我々の課題は、〈我々がもつ〉資源を生かし、初期反応としての復讐を思いとどまらせる文化を創造することである。

敵が悪魔のようにではなく人間家族の一員として遇されるコミュニティを想像力をもって創り出すには、どうすればいいだろう？　どうすればコミュニティのメンバーが、犠牲者だけではなく加害者にも人間的な欲求があることを想像できるようになるだろう？　答えは簡単には出ないだろうが、見つかるとしたら、きっとそれは、我々がどんな習慣に価値を置き、どんなイメージを大切にし、どんな物語を記憶するかということと関係があるはずだ。

実をいえば、赦しとは、赦して忘れることではなく、むしろ赦したことがいかに癒しをもたらしたかを記憶にとどめておく（remember）ことなのだ。[後注6]記憶するとは、悲劇と不正に寸断された（dismembered）生のかけらを拾い集め、何かしら完全なものに再び組み入れる（re-member）ことである。残忍な犯罪を忘れることは個人としても集団としても困難だが、忘れえぬことをどう記憶にとどめておくかは自分の意志で決められるし、我々は実際、そうしている。

恵みの心をもって記憶にとどめようとするアーミッシュの習慣は、自分を十字架につけた処刑人を赦したイエスや、氷の湖に落ちた敵を救うために引き返したディルク・ウィレムスの記憶によって培われた。一三歳のマリアンが「私を最初に撃って」と言ったとき、この子の死後、何時間も経たないうちに地区の大人たちが殺人犯の家族を赦そうとその家へ歩いて行ったとき、彼らはその習慣に従った。ニッケル・マインズで彼らがとった行動も、今後何世代にもわたって食卓で語られ、理不尽な悲劇、そして暴力に、信仰の力と温かい思いやりで応えた記憶が受け継がれていくに違いない。

信仰が復讐を正当化し、増幅させやすい世界、一部のクリスチャンが報復を煽るために聖句を引き合いに出す国では、アーミッシュの反応はまさに驚きであった。ニッケル・マインズの物語には、その細部はどうあれ、明瞭なメッセージが含まれている。それは、宗教が怒りや復讐の正当化にではなくて、善意と赦し、恵みを導くために使われたということである。そしてこれこそが、宗教と国籍とを問わず、我々すべてが受け止めるべき大事な教訓なのである。

その後

二〇〇六年一一月。アーミッシュの恵みについての我々の物語はここで終わりである。その後のニッケル・マインズのコミュニティは、喜びと悲しみ、時折の恐怖とそれに打ち勝つ勇気、そして恵みのときが織りなす「新しい平常」を取り戻した。

二〇〇六年のクリスマスを迎える前に、傷ついた五人のうち四人の少女が復学することができ、元気に暮らしている。何人かはリハビリを受けており、改めて再建手術を受けた子もいる。最も重症だった子はまだ半ば昏睡状態で、両親のもとで看病されているが回復の兆しがなかなか見えない。学校に戻った少女の一人は、事件後の何週間か休んでいた間の宿題をやり終えた。

二〇〇七年二月下旬には、アーミッシュの大工たちにより屋根のついた新校舎が完成。もとの校舎から半マイルも離れていないが、前より奥まった場所で、周囲に何軒かの家もあり、一般道路からは遠い。この近くのアーミッシュの敷地を借りた仮設校で授業を受けていた生徒たちは、四月二日の月曜日、ニュー・ホープ校と名付けられた新校舎に移った。事件からちょうど六カ月後のことだった。娘が何人かいる一家が引っ越してきて、ニュー・ホープ校の女生徒の数が増えた。殺人犯の遺族たちも新校舎を訪問した。州警察官も警察本部長に伴って学校にやって来て、子供たちと話をし、一緒に野球をし、パトカーのライトやサイレンを見せてあげた。

二〇〇六年一〇月の赦しと恵みは、ときにぎこちなくも、和解―事件のために極度に緊張した関係の修復―に向けての一貫した努力の第一歩だった。一〇月末、チャールズ・ロバーツの親族とアーミッシュの家族たちがバート消防署で感動的な対面をしたが、交流はあれで終わりではなかった。たとえばロバーツの寡婦エイミーは入院中の娘の母親の一人を車で病院へ送り、クリスマスにはアーミッシュ学校の生徒たちが、ロバーツ家を訪れキャロルを歌っている。エイミーと遺児たちはその後、ジョージタウンを離れたが、他の身内は今もこの地域で暮らし、アーミッシュの家族たちとも交流を続けている。

ロバーツの両親は仮設校を訪問し、アーミッシュ学校のクリスマス行事に参加した。父親のタクシー・サービスを利用していたアーミッシュたちは今後も続けてほしいと頼み、引き続きサービスを利用した。ジョージタウン周辺のアーミッシュの農家は、ロバーツが受け持っていた牛乳の集荷を彼の義父が引き受けてくれたことを喜び、その後も一家と連絡を取りあっている。アーミッシュの親の一人は、ロバーツ家の人たちの優しさについて、「彼らの親切のおかげでとても癒されました」としみじみと語っていた。

しかし、心の傷はまだ完全に癒えていない。「半年程度ではとても傷が癒えない人もいるでしょう」とシルビアは言った。今も、特定のイメージ、音、それに言葉が、不安な気持ちや反応を誘発する。一部には悪夢を見る生徒もいる。大人のなかにも、ヘリコプターが上空を飛ぶ音に縮み上がる人たちがいる。皆、新しい平常が見つかるまでには時間とハードワークが必要だとわかっている。事件で娘を失った二つの家に赤ん坊が生まれたことは、平常な生活に戻ろうとする彼らを励ます出来事だった。

生徒の親たちは、アーミッシュとイングリッシュ、双方の友人たちからの支援、とりわけ相互扶助に意義を感じている。母親たちは、悲しみを分かちあい元気づけあうために、今も定期的に誰かの家に集まっている。父親たちも、不定期だが、やはり集まりをもっている。娘を亡くした一人の父親は、「親どうしが集まって話をすることが一番の支えになる」と話した。乱射事件から六カ月経ったとき、一人の教会指導者がこう言った。「まだ少し怒りの気持ちが残っているのですが、赦しに向けて少しずつ切り替えるようにしています」

地域社会も、さまざまな方法による助けあいを続けている。アカウンタビリティ委員会は、四〇〇万ドルを超える寄付金を分配し終えたが、まだ送金は続いている。毎年、バート郡区で開かれる恒例の「マッド・セール」は、消防隊の資金集めのためのオークションで、地面がぬかるむ春に開催されることが多いのでこの名がある。二〇〇七年には三月三日と一七日の二日間行われ、地域のアーミッシュとイングリッシュが再び顔を合わせた。オークションにかけられるのは、アーミッシュとイングリッシュが提供するアンティーク、キルト、家具、馬車、農具、家畜、それに食料品。皆がとても楽しみにしている催しだが、今年は例年と違い、コミュニティが想像を絶する悲劇を経験し、今なお回復途上にあることを人々に思い出させる場にもなった。

地域の人たちは、二〇〇七年夏のピクニック―再会の集いと名づけられた―を心待ちにしている。その日は警察官、消防隊員、救急隊員、アーミッシュの親たちと家族、それにロバーツ家の人たちが参加する予定だ。アーミッシュの工芸家は、この日のために、州警察への感謝の言葉を描いた大きな木製プレートを用意した。西ニッケル・マインズ校の生徒たちは、専用のペンで、看板にそれぞれの名前を書き込んだ。ピクニックの当日、彼らから警察にプレゼントしようと考えているのである。

それから二、三カ月すれば秋の聖餐節だ。親しんできた新約聖書の章節に新たに触れるとき、彼らは、「マタイ伝」第一八章の七の七〇倍赦しなさいというイエスの言葉の意味に改めて思いをはせるのだろう。

二〇〇七年四月

付録　北米のアーミッシュ[後注1]

アナバプテスト、アーミッシュ、メノナイト

アナバプテストの運動は一六世紀、プロテスタントの宗教改革の時期にヨーロッパで始まった。イエスの教え、そのなかでも「山上の説教」の字義どおりの解釈にこだわる傾向の強いアナバプテストは、急進的改革派と呼ばれることがあった。彼らは幼児洗礼を拒否し、洗礼とは成人した者が自らイエスに従う決意をした証であるべきであると主張し、その考えに立って互いに洗礼を授けあう運動を起こした。しかし彼ら急進派は、幼児期に国の監督下にある教会で洗礼を受けていたことから、批判者たちは彼らをアナバプテスト、すなわち「再洗礼派」と呼んだ。

アナバプテストは、国が監督する教会に代わる自由意志による教会を求めたため、官憲からも、カトリックとプロテスタント、双方の宗教指導者たちからも怒りを買うこととなり厳しい迫害を受けた。運動が始まって最初の一世紀のうちに二五〇〇人が処刑されてい

るが、それはしばしば火刑や斬首であった。このほか拷問や投獄された信徒も数百人いた。この迫害により、真の教会は常に少数派であるというアナバプテストの信念は一層強化され、対抗文化的な離脱の倫理が醸成されていく。

初期のアナバプテストの運動は、信仰とその実践について多様な解釈をもつ分散した小集団の集合体であった。

一五三六年、オランダ人のカトリック司祭メノ・シモンズがアナバプテストに転向すると、数多くの著作を発表し影響力をもつ指導者となった。彼に従う人々の多くはやがて〈メノナイト〈メノ派〉〉と呼ばれるようになる。それから一世紀半を経た一六九〇年代、もう一人のアナバプテストへの転向者ヤーコプ・アマンが、スイスならびにフランスのアルザス地方で刷新的な運動を起こした。アマンによると、この地域のアナバプテストは自らの社会的立場に対する確信が揺らいでいた。彼は教会による厳格な規律のもとで、より厳密にキリスト教を実践する道を追求した。アマンに従う人々はやがて〈アーミッシュ〉と呼ばれるようになる。アーミッシュはメノナイトとともにアナバプテストの流れを汲んでいるが、一六九三年以降はこのなかで別々の分派を形成している。

アーミッシュとメノナイトはその後、別途に北米に移住したが、同じ地域に入植することがよくあった。アーミッシュの入植は何度かにわたり、第一波は一七〇〇年代半ば、第二波は一八〇〇年代だった。入植先はペンシルベニア、オハイオ、インディアナ各州であるが、後に他州にもおよんだ。一九世紀後半になるとアーミッシュは、産業革命、福音復興運動（エバンジェリカル・リバイバリズム）、大量消費社会の到来といった数々の変化への対応に苦慮することとなった。この時期、一部のアーミッシュがさまざまなメノナイトのグループに合流している。これに対し、昔ながらの慣習を崩さなかったアーミッシュは、やがて〈オールド・オーダーズ〉と呼ばれるようになった。

二一世紀の北米には、メノナイトとアーミッシュが多くのグループに分かれて生活している。メノナイトは、一部にオールド・オーダーに従っていまだ馬車を交通手段とするグループもあるが、多くは自動車を運転し、現代的な服装をし、高等教育を受け入れ、現代テクノロジーを活用している。一方のアーミッシュはこれらをほぼそっくり否定するため、独自の生活様式に従う人々として国内外に知られていった。

家族、教区、居住区、所属教派

アーミッシュ社会の土台をなすものは拡大家族、教区、居住区、そして所属教派である。彼らの社会の基本単位は大きな拡大家族である。一人のアーミッシュにいとこが七五人いたり、老夫婦に五五人以上の孫がいることは珍しくない。アーミッシュの男女は古くから明確に決められている性役割に従う。家族のなかでは夫が宗教的指導者とされている。妻は一般に家事と育児に専心する。幼い子供のいる母親が家の外に働きに出ることはほとんどないが、一部の母親は自宅に設けられた店舗や温室、パン屋で働いている。ほとんどの女性は家庭内の意思決定や子供のしつけも分担するが、宗教的な長は男性であることを認めている。

アーミッシュ社会は自治をまかされている各地の〈教区〉から構成されている。道路や小川を地理的な境界とし、二五世帯から四〇世帯が集まってできる教区は彼らの社会的・宗教的拠点である。アーミッシュは教会の建物をもたないかわりに、隔週の日曜日に教区民の自宅に回り持ちで集まって礼拝を行う。密着して暮らしているため、日常生活でも直接的な交流がさかんに行われている。

各教区にはそれぞれ指導者たち—必ず男性である—がいて、通常それは一人の監督(bishop)、二、三人の牧師(minister)、一人の執事(deacon)である。監督は地区を統括し、それを牧師たちが助ける。執事は相互扶助の調整にあたり、教区民の間で高額医療費をどう分担するかを決める。これらの指導者のなかに公式に神学を修めた者はいない。資格要件で最も大事なことはアーミッシュの生活様式を一貫して守ってきたことである。教会の職務は終生のものであるが、報酬はないため別の仕事で生計を支えなければならない。

教区が集まってできる地域は〈居住区〉と呼ばれる。居住区には教区が一つきりのものから一〇〇以上の教区を擁する大きなものまである。オハイオ州ホームズ郡は、ざっと二〇〇の教区が集まる最大の居住区の中心である。ランカスター居住区は北米アーミッシュの居住区としては最古の歴史をもつ。ここには子供と成人合わせ約二万八千人のアーミッシュが暮らし、教区数は現時点で一六五を数える。

類似した慣習をもつ教区どうしで指導者が協力関係にある場合、そのまとまりを〈所属教派〉という。教区や居住区のような地理的なまとまりはないが、所属教派は共通の生活規則と教会のしきたりをもつ。所属教派のメンバー同士は仲間をつくり、しばしば通婚もするし、牧師が相手の教区で説教することも認められている。北米アーミッシュには、それぞれに独自の慣習をもつ二四以上の所属教派がある。これらの下位集団をまとめる中心組織や全国的な教団組織は存在しない。所属教派に加わる教区はほとんどの点で類似した慣習に従っているが、生活に関わる最終的権限は個々の教区にある。

成長と多様性

北米アーミッシュは、米国二七州とカナダのオンタリオ州にある三七五の居住区に分かれて住んでいる。これらの居住区すべて合わせておよそ一六〇〇の教区がある。アーミッシュの人口のほぼ三分の二がオハイオ、ペンシルベニア、インディアナの三州に集中している。

高等教育、自動車の所有、インターネットの利用を拒否するような伝統集団は、衰退の一途をたどっていると思われがちである。しかし驚いたことに、アーミッシュの人口はほぼ二〇年ごとに倍増しているのである。成人と子供合わせ現在、その数は二〇万人近い。この成長を支えているのは大家族主義と高い定着率である。一家族の子供は平均約七人だが、一〇人以上という家族も珍しくない。一般に若者の約九〇パーセント以上は教会に加わる。アーミッシュは他宗派からの転向は求めないが、彼らの規則を守ることを条件に部外者が参入することは認めている。

北米アーミッシュは外部の者の目には皆、似たりよったりに見えるが、所属教派ごとにその慣習はかなり異なっている。ほとんどのグループは馬車にバッテリー式のライトを付けているが、最も保守的な所属教派では灯油（ケロシン）のランタンしか使わない。大半のアーミッシュの家では屋内にトイレがあるが、最も伝統にこだわるグループは屋外へ歩いて行く。動力式の芝刈り機は一部を除き認められている。ある所属教派では女性は足踏み式ミシンしか使えないが、別のところではバッテリー式の動力ミシンを使うことができる。経済的に豊かなところもあればかなり貧しいところもある。細かく見ていくと同じ所属教派のなか、同じ地域の教区間でもさまざまな差異が認められる。

オードヌング

聖書の教えは、「規律」を意味するドイツ語である〈オードヌング〉を通じて日常生活に適用されている。オードヌングは特定の教区限定の規則集であるが通常は文書化されず、慣習と口伝えにより継承されていく。オードヌングは「現世からの離脱」という聖書の教えを服装、マス・メディアやテクノロジーの利用、娯楽などに当てはめようとするものである。教会指導者たちは、たいていは教区民から新たな問題が持ち上がると、その都度規則を更新する。意見が分かれる問題—携帯電話、コンピュータ、装飾的な家具、派手な格好など—については教区民会議で話しあう。オードヌングの細部についての不一致が、ときには論争に発展することもある。それぞれの教区のオードヌングは年二回、春と秋の聖餐式の前にこの会議の場で再確認される。

アーミッシュのグループはどこも男女に決まった服装をさせている。既婚男性は顎ひげを伸ばすが口ひげははやさず、アーミッシュ特有の帽子とベストを着用する。女性はボンネットを被り、通常はケープとエプロンのあるスリーピースのドレスを着る。米国の主流文化では、服装はしばしば個人の好みを表現するものだが、アーミッシュにとっては、服装は集団的秩序への服従を表すとともに、グループのアイデンティティを公に示すシンボルである。

オールド・オーダー・アーミッシュは、自動車の所有、公共の電線から電気を引くこと、テレビ、パソコンの所有、高校や大学への通学、軍隊への入隊、離婚をオードヌングで禁じている。教区民は洗礼を受けるに際して、今後は教会の規律を守り、誓いを破れば破門もありえることをしっかり理解した上でオードヌングに従うことを誓約するのである。

アーミッシュは一般に地域の公共団体や奉仕団体に加わらない。しかしなかには、地元の消防隊や救急隊にボランティアで参加する人々もいる。アーミッシュが、外部の異性とごく親密な関係になったり結婚したりすることはないが、たいていのアーミッシュは良き隣人として非アーミッシュとさまざまな友好関係を築いている。

若者とルムシュプリンガ(放蕩)

子供たちは教区のオードヌングをまわりを見ながら覚えていくが、洗礼前の若者はオードヌングを守らなくてよいことになっている。若者は一六歳の誕生日を心待ちにしている。その日から彼らの伝統的習慣である〈ルムシュプリンガ（Rumspringa)〉、「放蕩」の時期が始まるからだ。ルムシュプリンガの間は、とくに週末になると同世代の仲間が集まって過ごすことが多くなり、異性と付き合い始める者もいる。ルムシュプリンガは、彼らが通常は一九歳から二二歳の間に結婚すると同時に終わりを告げる。

ルムシュプリンガの間、アーミッシュの若者、とくに男子の一部はかなりの自由を謳歌する。両親の厳しい管理を離れ、洗礼前なのでまだ教会の権威のもとにも置かれない、どっちつかずの状態である。この時期も多くの若者はアーミッシュの伝統に沿った行動をとるが、「世俗」の遊びをいろいろ試してみる者もいて、彼らは車をもち、映画へ行き、イングリッシュの服を着て、テレビやＤＶＤプレーヤーを買う。大きな居住区では青年期を迎えた若者の行動は加わる仲間に左右されやすい。ティーンの行動に影響を与える付き合い仲間は、アーミッシュの親たちの悩みの種でもある。ルムシュプリンガの習慣は一様ではなく、大人が監督に当たる教区もあるが、そうしたことをしない教区もある。

若者の伝統的遊びにはバレーボール、水泳、アイススケート、ピクニック、州立公園へのハイキング、野外での大がかりな「夕食」会があるが、最も一般的なのは「歌の集い」である。一つの家に集まってドイツ語の賛美歌や英語のゴスペルを何時間も歌い、その後でおしゃべりと会食を楽しむ。これより「進んでいる」、反逆的なグループは、ときに車を自ら運転したり、建物を借り切ってパーティを開いたり、近くの町のバーやナイトクラブに繰り出すことまである。飛び切り乱暴な若者グループが、大人のアーミッシュの生活とはかけ離れた姿を見せることのあるルムシュプリンガは、マスコミの格好の餌食になる。しかしほとんどのアーミッシュの若者は、ルムシュプリンガの自由を穏健なやり方で楽しんでいる。

現世とのこの短い交歓は、アーミッシュの若者に、教会に加わるかどうかの選択をいずれしなくてはならないことを意識させ、やがて彼らはその選択を行う。しかしアーミッシュの生活要素の多くによって、若者たちのほとんどが教会へ導かれていく。このような選択が赦されていることが、むしろ教会の規則に従おうという気持ちを確かなものにし、長期的には教会の権威を高めていると思われる。

生業の変遷

一九六〇年代までは、どの州でもほとんどのアーミッシュは家族農業を営んでいた。一ダースの乳牛、数羽のニワトリ、数頭の肉牛を飼育する小規模複合経営が彼らの農業のスタイルだった。今でもこの伝統を受け継ぐ農家は多いが、酪農やときに養鶏、養豚への専門分化も進んでいる。専門化された農場では機械化も進んでいるが、近隣の非アーミッシュの農場と比べればその度合いは低い。乳牛を二〇頭以上飼育する農家は通常、搾乳機と大型冷却槽を備えている。これに対し、伝統型の農家ではいまだ手絞りであり、旧式の缶に入れた牛乳をチーズ加工場に搬入している。

よく誤解されているが、ほとんどのアーミッシュの農家が行っているのは有機農業ではない。多くの農家は殺虫剤、除草剤、化学肥料を使っている。一部の居住区では野菜、ハーブ、花卉に特化した小規模経営への転換も進んでおり、これらの特化した専門農家では、都市部の特定のマーケットに向けて有機的生産方式を採用しているところがある。

アーミッシュの生活のなかでは今も農業に敬意が払われているが、多くの居住区では、すでに大多数のアーミッシュが耕作を止めてしまった。大規模な集落のなかには農業人口が一〇パーセントに満たないところもある。農業から他職種への転換は、前世紀に起きたアーミッシュの社会的変化のうちでも最大のもので、さまざまな事業や商売に従事する人口が増えた。とはいえ、アーミッシュの生活拠点は今も農村地帯にあり、田舎道の先の村はずれが彼らの生活場所である。多くの家族が、農業以外の生業に従事するかたわらで細々と趣味的な農業を続けている。

ここ何十年かの間に、一部の集落ではアーミッシュの経営する店舗が何百軒も生まれている。これらのほとんどは小規模な家族経営で従業員は一〇人に満たない。例外もあるが通常、店主は男性が務めている。店舗の大半が木工品—家具、野外道具、ガゼボ（あずまや）、小納屋、芝生装飾品など—を扱うものだが、キルト・ショップ、温室、パン屋も業績を伸ばしている。自宅に設ける店舗は諸経費がかからず、家族労働もふんだんに注ぎ込めるため、大きな利益が得られやすい。大規模な事業所になると年間売上が五〇〇万ドルを超えることもある。

いくつかの州では、建設業も多くのアーミッシュ男性の働き口になっている。一部の集落では何十人かの作業員がまとまって遠距離を移動し、非アーミッシュの住宅建設や商業建築に従事している。このほか、アーミッシュ男性の大多数がイングリッシュの工場で働いている居住区もある。たとえばインディアナ州北部では、多くのアーミッシュがＲＶ車（レクリエーション用自動車）の組み立て工場で働いている。

非農業部門で働く人口が増えたことで、多くのアーミッシュの集落は新たな富を得ることになった。一部の指導者は、新しい職種が「あぶく銭」をもたらし、やがては労働倫理を侵食してしまうのではないかと憂えている。外部の工場で働くことに伴う医療保険などの諸手当が、教会内での相互扶助責任を蝕まないかと心配する指導者もいる。このため、多くのアーミッシュの集落が、「弁当持参で」働きに出るよりも、在宅で店舗を経営することを奨励する。「家族が一緒にいられるようにしたいからです」とは、ある店主の言葉である。

テクノロジー

アーミッシュはテクノロジーを拒否するというのはよくある誤解である。正確にいえば彼らはテクノロジーを選択的に取り入れる。テレビ、ラジオ、パソコンは一切拒否するが、他のタイプのテクノロジーは選択的に利用するか、またはアーミッシュの流儀に合わせて改変した上で使う。アーミッシュの機械工は彼らの文化的な規則に外れない機械の開発も行うし、ガスグリル、店舗用品、キャンプ用品、一部の農器具など、最新テクノロジーを使った道具類も多々購入されている。

アーミッシュはなぜテクノロジーを警戒するのだろうか？　それは彼らが、テクノロジーそのものは悪ではないが、手なずけなければ大切な伝統を損ない、周囲の社会への同化を加速すると考えているからである。ある監督は「問題は次世代への影響」と言っている。大衆向けの情報伝達技術をとくに恐れるのも、これらが外部の価値観を彼らの文化に持ち込んでしまうからである。自動車もそれ自体が不道徳ということはないが、集落をバラバラにしてしまう恐れがあるために有害な道具とみなされている。馬車による移動なら人々は集落につなぎ止められるが、自動車をもてば行動範囲が大きく広がり地元での結びつきが薄くなるというわけである。

大半のアーミッシュのグループは公共の電線から電気を引くことを禁じている。「悪いのは電気ではなく、必要のないものまでいろいろついてくることです」と一人のメンバーは言う。同じ電気でもバッテリーを使えばその場でコントロールが効くし外部からの独立性も保てる。一部の居住区では、バッテリーを馬車のライト、計算機、扇風機、懐中電灯、レジスター、コピー機、タイプライターに使っている。バッテリーの充電や電気牧柵、家電品用に太陽発電が利用されることもある。

彼らがテクノロジーに対して定めている方針は部外者を当惑させることがある。神はなぜ電話を嫌うのか？　トラクターを納屋にしまい込み畑で使わないのはどうしてか？　車をもつのは禁止なのにイングリッシュのタクシー・ドライバーを雇うのは、あからさまな偽善とまではいわなくとも一貫性に欠けるではないか？　バッテリーからとる一二ボルトの電気と、公共の電線から引く一一〇ボルトの電気とどこが違うのか？　このような線引きは部外者の目には馬鹿らしく映るのかもしれないが、アーミッシュの長い歴史においては、社会変容のペースを遅らせ世俗の波を遠ざけるという、大事な意味をもつ文化的妥協なのである。

テクノロジーのこうした利用の仕方は、アーミッシュが伝統と変化のバランスをとろうと努力している現れでもある。テクノロジーの取捨選択が経済性で決まることもないではないが、ただ便利だからというだけでは採用されにくい。アーミッシュの理想はテクノロジーの奴隷になるより主人になるということである。アーミッシュ以外の少数のコミュニティもそうしているように、自分たちの伝統的生活様式を守るためにテクノロジーがもつ強い力と粘り強く闘っているのである。

政府との関係

これもまた一部で誤解されていることであるが、アーミッシュも税金は収めている。州と連邦の所得税、消費税、固定資産税、それに教育税である。社会保険費は彼らには免除されているが、その理由は、社会保険も一種の保険と考える彼らはその給付を拒否しているからである。アーミッシュは、高齢者や特別なニーズのある者は教会が世話をするというのが聖書の教えだと考えている。そのため、民間や政府の保険に頼ることは、教会を通じた神の配慮を信じる心を自ら欺くことになってしまうのである。

アーミッシュは聖書の教えに基づき、世俗の政府に敬意を払い、そのために祈るよう教えられている。しかし良心と現世の法律がぶつかりあう場合には、やはり聖書にある「人間に従うよりも、神に従わなくてはなりません」(『使徒言行録』第五章第二九節)という一節を拠り所にする。さらに新約聖書、なかでも「山上の説教」はイエスに従う者に非暴力を教えているので、兵役に就くことも自衛することも禁じられていると解釈する。彼らは一般に公職につかず、政治活動にも加わらない。投票することは許されているが、地元の問題が住民投票にかかる場合を除くと投票率はたいてい低い。

近年、アーミッシュが各州の規制強化に対抗するケースが増えている。争点になっているのは兵役、教育、社会保障、医療、土地利用規制、児童就労、身分証明写真、馬車への低速車マークの装着などである。さまざまな争いに対処するため、アーミッシュは各州の代表で構成され、問題発生時には議員たちとも協働する全国運営委員会を組織した。とはいえ彼らは、自分たちの宗教的表現の自由を尊重し保護してくれる政治制度と概ねうまく折り合いをつけられている。

汚点と美徳

アーミッシュも到底完全ではない。彼らの心もときには欲望や嫉妬、怒りで満たされる。親たちは子供の心配をし、若者の一部は両親や教会、ときには法律にまでも反抗する。アーミッシュは離婚を禁じているが結婚生活がうまくいかないこともある。教会指導者が権力を乱用するケースも知られているし、家庭では北米の一般家庭と同様、性的、身体的な虐待も起こる。一つの教区が不和をもとに衰退し教会の分裂に至ることもある。

こうした汚点もあるにせよ、アーミッシュが築いてきた社会は極めて安定している。政府からの援助をほとんど受けることなく、高齢者や障害者を世話し彼らの尊厳を守っている。まれに若者がアルコールや薬物乱用で逮捕されるのを除けば、アーミッシュのコミュニティは現代生活に潜む数々の破滅の種を回避することができている。わずかな例外を別にすれば、ホームレスも失業者も政府の補助で生活する者もいない。刑務所に収監されているアーミッシュは事実上ゼロであり、離婚もまれにしか起こらない。つまり、すべてを考え合わせれば、高等教育も専門訓練も受けず、テクノロジーの恩恵にも十分浴していないにもかかわらず、彼らは人道的な社会をつくり上げることに成功している。

アーミッシュは制約のなかで生きるということを学んできた。彼らはきっと、およそ一切のことに制約を設け、それを尊重することは智恵の根源の一つだというだろう。アーミッシュにとって制約とは人が幸福になるための必要条件である。制約がなければ人は傲慢になり、自惚れをもち自滅的になると彼らは考える。たしかに制約を設ければ、個人の自由や選択、さまざまな自己表現は抑えられる。しかし、現代生活のなかで際限ない選択肢を与えられるより、むしろ大きな尊厳と安全が確保されるともいえる。アーミッシュの考えでは、制約を重んじることは、コミュニティ、帰属意識、アイデンティティという、人間の満足と幸福につながる三つの大事な要件をかなえることでもあるのだ。

注

第1章

（1）ランカスター居住区の「山」の南側でのアーミッシュの歴史については、John S. Kauffman, Melvin R. Petersheim, and Ira S. Beiler, comps., *Amish History of Southern Lancaster County, Pennsylvania, 1940-1992*（Elverson, PA : Olde Springfield Shoppe, 1992; available from Masthof Press, Everson, PA）を参照。二〇世紀におけるランカスター・アーミッシュ居住区の社会史については、Donald B. Kraybill, *The Riddle of Amish Culture*, rev.ed.（Baltimore : Johns Hopkins University Press, 2001）を参照。ヨーロッパおよび北米アーミッシュの歴史については、Steven M. Nolt, *A History of the Amish*, rev. ed（Intercourse, PA : Good Books, 2003）を参照。

（2）*Standards of the Old Order Amish and Old Order Mennonite Parochial and Vocational Schools of Pennsylvania*（Gordonville, PA : Gordonville Print Shop, 1981）, 2より。

第二章

(1)本章の内容は、この事件に詳しいアーミッシュと非アーミッシュ双方へのインタビュー、アーミッシュの新聞に掲載された手紙や意見、マスコミ報道、それに警察の報告に基づいている。乱射事件の最もよくまとった報告の一つに『ランカスター・ニュー・エラ（*Lancaster New Era*）』に二〇〇六年一〇月一三日から一五日にかけ三部構成で連載された「失われた天使たち：アーミッシュ学校乱射事件秘話」がある。この連載は二〇〇七年一月に二八頁の小冊子として出版され、本章の記述は主にこの冊子の一一～一八頁を参考にしている。

(2) *Unpartheyisches Gesang-Buch : Translations and Lessons*［Impartial Songbook : Translations and Lessons］, 2nd ed.（East Earl, PA : Schoolaid, 1997）, 171より。版元の許可を得て翻訳を使用。

(3) *Unpartheyisches Gesang-Buch*, 151より。版元の許可を得て翻訳を使用。二〇〇七年、David Rempel Smucker, Ph.D., Akron, PAにより改定訳。許可を得て使用。

(4) ヘラルド・プレスから出版されている一一五八頁の英語版のタイトル全文は、*The Bloody Theater or Martyrs Mirror of the Defenseless Christians Who Baptized Only upon Confession of Faith, and Who Suffered and Died for the Testimony of Jesus, Their Saviour, from the Time of Christ of the Year A.D. 1660*, 8th ed.（Scottdale, PA : Herald Press, 1968）。

第三章

（1）"Georgetown, PA," *Die Botschaft*, October 16, 2006, 43より。

（2）ニッケル・マインズ・アカウンタビリティ委員会によるこの文書の全文は、『ランカスター・ニュー・エラ』への手紙のなかで紹介されている。Herman Bontrager, Nickel Mines Accountability Committee, letter to the editor, *Lancaster New Era*, October 11, 2006を参照。この手紙は二〇〇六年一〇月にＡＰ通信によっても配信されている。

（3）"THANK YOU," *Die Botschaft*, October 16, 2006,1より。

（4）Mr. and Mrs. Amos K. Ebersol, letter to the editor, *Lancaster Intelligencer Journal*, October 18, 2006より。

（5）Benuel Riehl, letter to the editor, *Philadelphia Inquirer*, October 8, 2006より。

（6）"THANK YOU,"1より。

（7）Mary M. Miller, comp., *Our Heritage, Hope, and Faith*（Shipshewanna, IN : privately published, 2000）, 342より。John B. Martin による翻訳を許可を得て使用。二〇〇七年、David Rempel Smucker, Ph.D., Akron, PAにより改定訳。許可を得て使用。

第四章

(1) Mark Scolforo, "Police : Gunman at Amish School Told Wife He Molested 2 Little Girls 20 Years Ago," Associated Press, October 3, 2006より。

(2) "Victims' Grandfather Talks to News 8,", WGAL.com, October 4, 2006, http://www.wgal.com/news/9997465/detail.htmlより。

(3) "Grief-Stricken Community of Nickel Mines Trying to Deal with Deaths of Five Amish Girls, Shot in Schoolhouse," *The Early Show,* CBS News transcripts, October 4, 2006より。

(4) David Cox, "Grief of the Amish," *Sunday Mirror,* October 8, 2006より。

(5) Michael Rubinkam, "Amish Community Prepares to Bury Victims, Urges Forgiveness," Associated Press, October 5, 2006より。

(6) "Statement from the Roberts Family," *Lancaster Sunday News,* October 15, 2006より。

(7) Mr. and Mrs. Amos K. Ebersol, letter to the editor, *Lancaster Intelligencer Journal,* October 18, 2006より。

第五章

(1) Carolyn Kitch, "Who Speaks for the Dead? Authority and Authenticity in News Coverage of the Amish

School Shooting," in Carolyn Kitch and Janice Hume, *Journalism in a Culture of Grief* (New York : Routledge, 2007) より。

⑵Joan Uda, "At the Water's Edge," *Helena* (MT) *Independent Record,* October 7, 2006より。

⑶Joan Eshleman, letter to the editor, *Lancaster Intelligencer Journal,* October 10, 2006より。

⑷Daniel B. Lee, letter to the editor, *Philadelphia Inquirer,* October 9, 2006より。

⑸Anita Creamer, "In Wake of Tragedy, Some Can Still Forgive," *Sacramento* (CA) *Bee,* October 15, 2006より。

⑹Marvin Reed, "Believers Who Lead by Example : Nice," *Pueblo* (CO) *Chieftain,* October 14, 2006より。

⑺Dean Frantz, "Amish Forgiveness Teaches Us a Lesson." *Fort Wayne* (IN) *News-Sentinel,* October 9, 2006より。

⑻Bob Koehler, "Naked and Afraid," OpEdNews.com, October 12, 2006, www.opednews.com/articles/opedne_bob_koeh_061012_naked_and_afraid.htmlより。

⑼E. Ralph Hostetter, "Shoot Me First," Free Congress Foundation, October 12, 2006, www.freecongress.org/commentaries/2006/061012.aspxより。

⑽Mary Pat Hyland, "A Society So Modern It's Sickening," *Binghamton* (NY) *Press and Sun-Bulletin,* October 9, 2006より。

(11)Jeff Jacoby, “Undeserved Forgiveness,” *Boston Globe, October* 8, 2006より。

(12)Cristina Odone, “Why Do the Amish Ignore Reality?” *Observer*, October 8, 2006, http://observer.guardian.co.uk/comment/story/0,,1890309,00.htmlより。

(13)Denise Duhamel, “June.” 著者の許可を受け使用。

(14)Mary Lou Vegh, USA *Today* blog, October 9, 2006, http://blogs.usatoday.com/oped/2006/10/amish_know_how_.htmlより。

(15)Jeffrie G. Murphy, preface to *Before Forgiving : Cautionary Views of Forgiveness in Psychotherapy*, ed. Sharon Lamb and Jeffrie G. Murphy（New York : Oxford University Press, 2002）, ixより。

(16)Murphy, preface to *Before Forgiving*, xより。

(17)Sharon Lamb, “Women, Abuse, and Forgiveness : A Special Case,” in Lamb and Murphy, *Before Forgiving,* 156より。

(18)Simon Wiesenthal, *The Sunflower : On the Possibilities and Limits of Forgiveness*, rev. ed.（New York : Schocken Books, 1997）, 54より。

(19)Wiesenthal, *The Sunflower*, 169（Hesburgh）, 129（Dalai Lama）, 226（Prager）, 243（Shachnow）より。

(20)Emily Smith, “Why I Fled from the Amish Sect,” *Sun,* October 7, 2006, http://www.thesun.co.uk/printFriendly/0,11000-2006460644,00.htmlより。 Samuel Beiler, letter to the editor, *Lancaster Intelligencer Journal*, October 20, 2006も参照。

(21)“Dealing with School Violence,” *Scripps News*, October 20, 2006, http://www.scrippsnews.com/node/14966より。

(22)“Rendell Admits Gun Laws Could Not Prevent School Shooting,” news release from the Citizens Committee for the Right to Keep and Bear Arms, October 3, 2006, http://www.ccrkba.org/pub/rkba/press-releases/CC-RELEASE_Pennsylvania.htmlより。

(23)Doug Soderstrom, “If Only George Bush Had Been Amish,” Axis of Logic, October 15, 2006, http://www.axisoflogic.com/cgi-bin/exec/view.pl?archive=148&num=23236より。

(24)Diana Butler Bass, “What If the Amish Were in Charge of the War on Terror?” Faithful America blog, October 11, 2006, http://faithfulamerica.blogspot.com/search?q=diana+butler+bassより。

(25)George Diaz, “Lessons from Lancaster County,” *Orlando*（FL）*Sentinel*, October 8, 2006より。

(26)Stephen Crockett, “Personal Reflections on the Amish and the So-Called Christian Right,” Democratic Talk Radio, October 10, 2006, http : //www.DemocraticTalkRadio.comより。

(27)David W. Virtue, “Lancaster Murders, Mayhem, and Guns,” VirtueOnline.org, October 9, 2006, www.virtueonline.orgより。

(28)Joan Chittister, “What Kind of People Are These?” *National Catholic Reporter*, October 9, 2006より。

第六章

(1) James Stayer, "Numbers in Anabaptist Research," in *Commoners and Community : Essays in Honour of Werner O. Packull*, ed. C. Arnold Snyder（Kitchener, ON : Pandora Press, 2002）, 58-59より。

(2) Esther F. Smucker, *Good Night, My Son : A Treasure in Heaven*（Elverson, PA : Olde Springfield Shoppe, 1995）, 84. 引用部分は警察官による事件の回想で、この追悼録の付録に収載。

(3) Joel A. Kime, "The Freedom of Forgiveness Received," handout（Elizabethtown, PA : Center for Parent/Youth Understanding, 2003）より。

(4) Hal White, "Terror at the Amish Farmhouse," *True Detective*, November 1957, 16-21, 83より。

(5) Alma Kaufman, "Murder Violence Leaves Holmes Amish Bewildered but Not Seeking Vengeance," *Wooster*（OH）*Daily Record*, July 20, 1957より。

(6) "Arguments on State's Use of Alleged Confession on Monday; Father of Victim Is Witness," *Wooster*（OH）*Daily Record*, December 6, 1957より。

(7) "Aylmer, ON," *The Budget*, March 20, 1958, 6より。

(8) "Berne, IN," *The Budget*, September 12, 1979, 11より。

(9) Barry Siegel, "A Quiet Killing in Adams County," *Rolling Stone*, February 19, 1981, 62より。

(10) Simon M. Schwartz, "Death of an Amish Child," *Liberty*, March-April 1981, 3より。

(11) Anne Hul, "A Still Life Shattered," *St. Petersburg*（FL）*Times*, July 7, 1996; Meg Jones, "Attorney

Calls Defendant 'Seriously Disturbed,'" *Milwaukee*（WI）*Journal Sentinel*, February 20, 1996より。

⑿Joe Williams, "Buggy Fatality; Amish Man Won't Take the Money," *Milwaukee*（WI）*Journal Sentinel*, March 9, 1996より。

⒀Emma King, *Joys, Sorrows, and Shadows, by One Who Experienced the Joys, Sorrows, and Shadows*（Elverson, PA : Olde Springfield Shoppe, 1992）, v, 24, 27, 37, 74より。

⒁Doug Johnson, "Amish Reach Out to Trucker Following Death of Mother of 13," Associated Press, January 19, 2000より。

⒂Linda L. Mullen, "Amish Forgiving in Wake of Attempted Assaults," *South Bend*（IN）*Tribune*, August 28, 1996より。

⒃Cindy Stauffer and Janet Kelley, "A Boy's Death, a Family's Forgiveness," *Lancaster New Era*, September 25, 2006 "Woman charged in Boy's Death in Crash," *Lancaster New Era*, December 22,2006より。

第七章

⑴アナバプテストの伝統において弟子の道が中心を占めてきたことは、以下をはじめ多くの研究者が指摘：Richard T. Hughes, *How Christian Faith Can Sustain the Life of the Mind*（Grand Rapids, MI

: Eerdmans, 2001), 76-85.

(2) John S. Oyer, “Is There an Amish Theology?” in *Les Amish : Origine et Particularismes*, 1693-1993 [The Amish : Origin and Characteristics, 1693-1993], ed. Lydie Hege and Christoph Wiebe (Ingersheim, France : Association Française d'Histoire Anabaptiste-Mennonite, 1994), 284-286, 301より。

(3) Menno Simons, “Foundation of Christian Doctrine,” in *The Comlete Writings of Menno Simons, c. 1496-1561*, ed. J. C. Wenger, trans. Leonard Verduin (Scottdale, PA : Herald Press, 1956), 225より。

(4) “Who Now Would Follow Christ,” in *Hymnal : A Worship Book* (Scottdale, PA : Mennonite Publishing House, 1992), 535より。David Augsburger, 1983による改定訳を許可を得て使用。

(5) Christopher Lasch, *The Culture of Narcissism : American Life in an Age of Diminishing Expectations* (New York : Norton, 1978) より。

(6) Kenneth J. Gergen, *The Saturated Self : Dilemmas of Identity in Contemporary Life* (New York : Basic Books, 1991) より。

(7) *Die ernsthafte Christenpflicht* [Prayer Book for Earnest Christians] (Lancaster County, PA : Amischen Gemeinden, 1996) より。Leonard Gross, ed. and trans., *Prayer Book for Earnest Christians* (Scottdale, PA : Herald Press, 1997) も参照。一七〇八年に遡るアナバプテストおよび敬虔派の古い祈祷集*Die ernsthafte Christenpflicht*は、アーミッシュの礼拝や家庭での祈祷に使われる。

(8) 二〇〇六年一〇月下旬、アーミッシュの赦しについての外部からの質問に対し、数人の教会指導者が配付した日付と署名のない文書。

(9) "Set Your Captive Free," *Family Life*, February 2003, 8-9より。

(10) "That Our Hurts May Be Healed," *Family Life*, January 2003, 10より。

(11) Nicholas Ayo, *The Lord's Prayer : A Survey Theological and Literary* (Notre Dame, IN : University of Notre Dame Press, 1992), 79より。

(12) William Barclay, *The Gospel of Matthew*, vol. 1, 2nd ed. (Philadelphia : Westminster Press, 1958), 223より。

(13) "Georgetown, PA," *Die Botschaft*, October 23, 2006, 22より。

第八章

(1) Sandra Cronk, "*Gelassenheit* : The Rites of the Redemptive Process in Old Order Amish and Old Order Mennonite Communities," *Mennonite Quarterly Review*, 1981, 55, 7-8より。

(2) *Songs of the Ausbund : History and Translations of Ausbund Hymns*, vol. 1 (Millersburg : Ohio Amish Library, 1998), 168より。許可を得て使用。

(3) *Songs of the Ausbund*, 73より。許可を得て使用。

(4) *Martyrs Mirror*の英語版はHerald Press, Scottdale, PAより。Pathway Publishers, Aylmer, ONは一〇

○四頁の独語版*Der blutige Schauplatz, oder, Märtyrer-Spiegel der Taufgesinnten, oder, wehrlosen Christen, die um des Zeugnisses Jesu, ihres Seligmachers, willen gelitten haben und getötet worden sind, von Christi Zeit an bis auf das Jahr 1660*を発行している。英語版には一七世紀のドイツ人メノナイトの画家による五五点の殉教者のエッチングがあるが、ドイツ語版にはない。

(5) Brad S. Gregory, *Salvation at Stake : Christian Martyrdom in Early Modern Europe*（Cambridge, MA : Harvard University Press, 1999）, 319より。

(6) *The Amazing Story of the Ausbund*（Narvon, PA : Benuel S. Blank, 2001）, 116-117より。

(7) James W. Lowry, *The Martyrs' Mirror Made Plain : A Study Guide and Further Studies*（Aylmer, ON : Pathway, 2000）, 99より。

(8) *Martyrs Mirror*, 750, 610, 759, 467より。

(9) *Martyrs Mirror*, 914より。

(10) Lowry, *The Martyrs' Mirror Made Plain*, 100より。

(11) Lowry, *The Martyrs' Mirror Made Plain*, 117より。

(12) *Our Heritage*（Alymer, ON : Pathway, 1968）, 433-439より。

第九章

(1)"Is the Golden Rule Outdated?" *Family Life,* January 2003, 14より。

(2)聖餐の説明はDonald B. Kraybill, *The Riddle of Amish Culture*, rev. ed.（Baltimore : Johns Hopkins University Press, 2001）, 127-128より。

第一〇章

(1)Alexander Pope, *An Essay on Criticism,* originally published 1711より。

(2)Everett L. Worthington Jr., *Forgiveness and Reconciliation : Theory and Application*（New York : Routledge, 2006）, 272より。

(3)Joanna North, Robert D. Enright, *Forgiveness Is a Choice : A Step-by-Step Process for Resolving Anger and Restoring Hope*（Washington, DC : American Psychological Association, 2001）, 25中の引用より。

(4)Enright, *Forgiveness Is a Choice*, 25より。

(5)Enright, *Forgiveness Is a Choice*, 25-26より。

(6)Enright, *Forgiveness Is a Choice*, 28より。

(7)Enright, *Forgiveness Is a Choice*, 31より。

(8)Cristina Odone, "Why Do the Amish Ignore Reality?" *Observer*, October 8, 2006, http://observer.

guardian.co.uk/comment/story/0,,1890309,00.htmlより。

(9)N. T. Wright, *Evil and the Justice of God* (Downers Grove, IL : InterVarsity Press, 2006), 152より。

(10)Odone, "Why Do the Amish Ignore Reality?"より。

(11)Jeff Jacoy, "Undeserved Forgiveness," *Boston Globe,* October 8, 2006より。

(12)"Pa. School Shooter Said He'd Molested Relatives," NBC News, October 3, 2006, http://www.msnbc.msn.com/id/15113706 より。

(13) Eric Shiraev and David Levy, *Cross-Cultural Psychology : Critical Thinking and Contemporary Applications*, 2nd ed. (Boston : Allyn&Bacon, 2004), 178より。

(14)"Anger," *Family Life*, February 2002, 10より。

(15) John Coblentz, *Putting Off Anger : A Biblical Study of What Anger Is and What to Do About It* (Harrisonburg, VA : Christian Light Publications, 1999), 7-8より。

(16)Enright, *Forgiveness Is a Choice*, 33より。

(17) Everett L. Worthington Jr., *Forgiving and Reconciling : Bridges to Wholeness and Hope*, rev. ed. (Downers Grove, IL : InterVarsity Press, 2003), 53より。

(18)Worhington, *Forgiving and Reconciling*, 41-42より。

(19)"Nine Principles for Mending Broken Relationships," *Family Life*, November 2001, 8より。

(20)Jeffrie G. Murphy, "Two Cheers for Vindictiveness." *Punishment and Society,* 2000, 2, 131-143より。

(21) Nadya Labi, "The Gentle People," *Legal Affairs*, January-February 2005, 25-32より。

(22) Pamela Cooper-White, *The Cry of Tamar : Violence Against Women and the Church's Response* (Minneapolis : Fortress Press, 1995), 253より。

(23) Fred Luskin, *Forgive for Good : A Proven Prescription for Health and Happiness* (San Francisco : HarperSanFrancisco, 2002). 45より。

第二章

(1) Ellis Henican, "Forgiveness—but Not for All," *Newsday*, October 6, 2006より。

(2) C. Arnold Snyder, *Anabaptist History and Theology : Revised Student Edition* (Kitchener, ON : Pandora Press, 1997), 370-373より。

(3) アーミッシュのシャニングについての詳細は、*The Amazing Story of the Ausbund* (Narvon, PA : Benuel S.Blank, 2001), 109-112および"Shunning," *Family Life*, April 1970, 18-21を参照。

(4) シャニングを支持する主な聖書の章節には「マタイ伝」第一八章第一五－一八節、『ローマの信徒への手紙』第一六章第一七節、『コリントの信徒への手紙一』第五章、『テサロニケの信徒への手紙二』第三章第六節、一四－一五節、『テモテへの手紙二』第三章第二－五節、『テトスへの手紙』第三章第一〇節がある。

（5）"The Shunning of the Excommunicated," Article 17 in the Dordrecht Confession of Faith, in Irvin B. Horst, ed. and trans., *Mennonite Confession of Faith*（Lancaster, PA : Lancaster Mennonite Historical Society, 1988）, 35. ドルトレヒト信仰告白は、アーミッシュが分派する以前の一六三二年、オランダのメノナイトがまとめたものだが、アーミッシュもこれを継承している。ドルトレヒト信仰告白の全文は以下で見られる。http://www.mcusa-archives.org/library/resolutions/dordrecht/index.html.

（6）"The Need of Forgiving," *Family Life*, October 1985, 9より。

第三章

（1）感情表現は文化的に形成される。アーミッシュの男女は声を立てずに人前で涙を流して泣くが、一八世紀ヨーロッパにもこうした慣習があった。泣くことはプライベートで女性的なことというのは後に広まった概念である。Anne Vincent-Buffault, *The History of Tears : Sensibility and Sentimentality in France*（New York : St. Martin's Press, 1991）より。

（2）Emma King, *Joys, Sorrows, and Shadows*（Elverson, PA : Olde Springfield Shoppe, 1992）, v.

（3）Daniel L. Migliore, *Faith Seeking Understanding : An Introduction to Christian Theology*, 2nd ed.（Grand Rapids, MI : Eerdmans, 2004）, 421より。

（4）Philip Yancey, *Prayer : Does It Make Any Difference?*（Grand Rapids, MI : Zondervan, 2006）, 139より。

(5)“God and Creation,” Article 1 in the Dordrecht Confession of Faith, in Irvin B. Horst, ed. and trans., *Mennonite Confession of Faith*（Lancaster, PA : Lancaster Mennonite Historical Society, 1988）, 24より。

(6)“Oxford, PA,” *Die Botshcaft*, October 16, 2006, 49より。

(7)“Kirkwood, PA,” *Die Botshaft*, October 16, 2006, 47より。

(8)“New Holland, PA; Groffdale,” *Die Botshaft*, October 23, 2006, 36より。

(9)“Hopkinsville, KY,” *Die Botshaft*, October 23, 2006, 10より。

(10)数名の教会指導者による日付と署名のないこの文書は、二〇〇六年一〇月下旬、赦しについて問い合わせをした部外者に配付された。

(11)“Parkesburg, PA,” *Die Botschaft*, October 16, 2006, 59より。

(12)“Georgetown, PA,” *Die Botschaft*, October 23, 2006, 22より。同様の主張（ある非アーミッシュの主張をアーミッシュが紹介）は、“Kindardine, ON,” *Die Botschaft,* October 23, 2006, 16より。

(13)“Dry Run, PA,” *Die Botschaft*, October 16, 2006, 51より。

(14)Frank Caltabilota, quoted in Ronald Smothers, “Relatives of New Jersey Dorm Fire Victims Lash Out at Sentencing,” *International Herald Tribune*, January 27, 2007, http://www.iht.com/articles/2007/01/27/america/web.0127seton.phpより。

(15)“Amish to Blame, Jurors Declare,” *Pittsburgh Post-Gazette*, March 28, 1994; “Amish Killer's Sentence Criticized; 5 Years Not Enough in Slaying of Wife, Author Says in Book,” *Pittsburgh Post-Gazette*, May 30,

2000より。

第三章

（1）E. Ralph Hostetter, "Shoot Me First," Free Congress Foundation, October 12, 2006, http://www.freecongress.org/commentaries/2006/061012.aspxより。

（2）この話については, "Speech Underscores Amish Ways," *Mansfield*（OH）*News Journal*, February 24, 2007, http://www.mansfieldnewsjournal.com/apps/pbcs.dll/article?AID=2007702240326を参照。

（3）"Forgiveness," *Vision : A Journal for Church and Theology, 2007*, 8(1), 47-49より。

（4）Robert Kuttner, *Everything for Sale*（New York : Knopf, 1996）, 62-63より。

（5）Miroslav Volf, *Free of Charge : Giving and Forgiving in a Culture Stripped of Grace*（Grand Rapids, MI : Zondervan, 2005）, 14より。

（6）Miroslav Volf, *The End of Memory : Remembering Rightly in a Violent World*（Grand Rapids, MI : Eerdmans, 2007）より。

付録

（1）付録の一部は、*The Amish : Why They Enchant Us*, by Donald B. Kraybill. Copyright©2003 by Herald Press, Scottdale, PA 15683を許可を得て使用。

著者紹介

ドナルド・B・クレイビル
ペンシルベニア州エリザベスタウン・カレッジの特別招聘教授で同大学にある再洗礼派・敬虔派ヤング研究センターのシニアフェロー。北米の数多くのアナバプテスト（再洗礼派）・コミュニティを研究し著作を発表。アーミッシュに関する代表的著書に“*The Riddle of Amish Culture*”（2001改訂版）、論文集に“*The Amish and the State*”（2003第2版）がある。発行はいずれもJohns Hopkins University Press。
邦訳書に『アーミッシュの謎―宗教・社会・生活』（原題：“The Puzzles of Amish Life” 杉原利治ほか訳、1996年、論創社発行）などがある。

スティーブン・M・ノルト
インディアナ州ゴシェン・カレッジの歴史学教授。アーミッシュの歴史と文化を多くの居住区について研究。主な著作に“*A History of the Amish*”（Good Books, 2003改訂版）、ドナルド・B・クレイビルとの共著“*Amish Enterprise: From Plows to Profits*”（Johns Hopkins University Press, 2004第2版）、トーマス・J・マイヤーズとの共著“*Plain Diversity: Amish Culture and Identities*”（Johns Hopkins University Press, 2007）がある。

デヴィッド・L・ウィーバー－ザーカー
ペンシルベニア州メシア・カレッジの米国宗教史学助教授。平均的米国人がアーミッシュに抱く関心と、受け止め方を多様な観点から著述している。主な著作に“*The Amish in the American Imagination*”（Johns Hopkins University Press, 2001）、編書に“*Writing the Amish: The Worlds of John A. Hostetler*”（Pennsylvania State University Press, 2005）、ダイアン・ジマーマン・アンブルとの共編書に“The Amish and the Media”（Johns Hopkins University Press, 2008）がある。

訳者紹介

青木　玲（あおき・はるみ）
翻訳家、ライター。神奈川県生まれ。東京大学医学部保健学科卒業。著書『競走馬の文化史』（筑摩書房）で1995年度ミズノスポーツライター賞。『ニュース・ジャンキー』『ユダヤ人を救った動物園』（当社刊）、『小児科へゆく前に』（ジャパンマシニスト社）などの訳書がある。

アーミッシュの赦し
なぜ彼らはすぐに犯人とその家族を赦したのか

2008年 5月14日　第1版第1刷発行
2018年12月13日　第1版第3刷発行

著者	ドナルド・B・クレイビル スティーブン・M・ノルト デヴィッド・L・ウィーバー－ザーカー
訳者	青木　玲
発行所	株式会社亜紀書房 郵便番号101-0051 東京都千代田区神田神保町1-32 電話……(03)5280-0261 http://www.akishobo.com 振替　00100-9-144037
印刷	株式会社トライ http://www.try-sky.com
装丁	間村俊一
カバー写真	長谷川朝美

ISBN978-4-7505-0803-0